Zafer Şenocak

Deutschsein

Zafer Şenocak

Deutschsein

Eine Aufklärungsschrift

Bibliografische Information der Deutschen Nationalbibliothek

Die Deutsche Nationalbibliothek verzeichnet diese Publikation
in der Deutschen Nationalbibliografie; detaillierte bibliografische
Daten sind im Internet über http://dnb.d-nb.de abrufbar.

© edition Körber-Stiftung, Hamburg 2011

Umschlag: Groothuis, Lohfert, Consorten | glcons.de
Coverfoto: Getty Images/Anthony Bradshaw
Herstellung: Das Herstellungsbüro, Hamburg |
buch-herstellungsbuero.de
Druck und Bindung: CPI – Clausen & Bosse, Leck
Printed in Germany
ISBN 978-3-89684-083-7

www.edition-koerber-stiftung.de

Für meinen Vater, der mich gelehrt hat,
dass Wurzeln mehrsprachig sind.

Inhalt

Die Sprache öffnen

Wann bietet eine Fremdsprache Geborgenheit?

»Ins Offene, dorthin, wo Sprache auch zur Begegnung führen kann.«

PAUL CELAN, BRIEF AN BRIGITTE UND GOTTFRIED
BERMANN FISCHER, 22. NOVEMBER 1958

Wenn ich an meine Kindheit in Deutschland denke, überkommt mich ein Gefühl der Geborgenheit. In meinem achten Lebensjahr zogen wir von Istanbul in einen kleinen oberbayrischen Ort. Als wir dort ankamen, lag der Schnee knietief, und der Ort erschien mir wie ausgestorben. Die Luft roch ganz anders als in Istanbul. Sie war frisch, brannte in der Nase, so als hätte man ihr ein Gewürz beigemischt. Der Schnee blieb noch lange liegen in diesem Jahr. Zu Hause, in einer möblierten Dachwohnung am Ortsrand, war es warm und gemütlich. Vom Fenster aus sah man die Berge mit ihren bewaldeten Hängen. Vor dem Haus erstreckten sich schneebedeckte Felder. Nachts war es ganz still. Ruhe war wichtig in diesem Land. Nachtruhe. Der Lärm Istanbuls war nicht mehr zu hören. Ich vermisste vor allem die Schiffssirenen. Aus

Istanbul hatte ich wenig mitgebracht. Ich erinnere mich an den Schulatlas, auf dem ich auf der dreitägigen Reise im Zug mit dem Finger jene Strecke nachfuhr, die uns dem Ziel München nahe brachte. Auf dem Atlas war eine Grenze eingezeichnet, die mitten durch Deutschland führte und deren Zweck ich nicht verstand.

»Es gibt ein freies und ein unfreies, gefangenes Deutschland«, erklärte mir mein Vater. »Diese Grenze ist eine Mauer, die man nicht passieren darf.«

In welches Deutschland fuhren wir? In das freie oder in das unfreie?

»In das freie natürlich«, beruhigte mich mein Vater. »Da fahren jetzt viele Menschen aus der Türkei hin. Deshalb ist der Zug so überfüllt.«

»Wenn so viele Menschen von der Türkei nach Deutschland fahren, dann muss Deutschland ja viel schöner sein als die Türkei?«

»Vielleicht nicht schöner, aber anders. Deutschland wird dir gefallen. Es gibt dort keine armen Kinder.«

Ein Land, in dem es keine armen Kinder gab, das war gut. Das war sicher ein Grund dafür, warum so viele Menschen nach Deutschland fuhren.

»Nachtruhe!«

Unsere Wirtin, eine hochbetagte, aber rüstige Dame, die allein lebte, weil ihr Mann verstorben war, hatte dieses Wort ausgesprochen. Ich legte mir ein Heft an, in dem ich die fremden Wörter auflistete, die ich zu hören begann. Ich nannte das Heft: mein deutsches Heft. Ein kleines Heft, etwas mehr als handtellergroß. In der Mitte der Seiten war ein roter Strich von oben nach unten gezogen. So konnte ich jedes Wort, das ich ins Heft eintrug, auch ins Türkische übersetzen. Aber manche Wörter ließen sich nicht übersetzen. Nachtruhe zum Beispiel. Meine Mutter erklärte mir, bei der Nachtruhe gehe es nicht darum, dass die Nacht ruhig sei, sondern dass man in der Nacht nicht laut sein dürfe. »Geceye benzemek, gece gürültü yapmamak«, notierte ich auf der türkischen Hälfte meines Heftes. Der Nacht ähnlich werden. So ruhig wie die Nacht sein. Ein deutsches Wort brauchte mehrere türkische, um verstanden zu werden. Ich hatte schon nach wenigen Tagen einige Dutzend Wörter in mein Heft geschrieben. Aber ich sprach noch kein Wort Deutsch. Es können in Büchern und Heften viele Wörter stehen, aber gesprochen werden sie schließlich auf der Zunge. Sprechen geht nicht, ohne Wörter zu schmecken.

Dieses Deutschland war für mich zunächst einmal kein Land, sondern eine fremde Sprache, die sich lustig anhörte. Wenn die Wörter noch nicht schmecken, kann man sich von Blicken ernähren. Ich fand schnell Zugang zu den Blicken der Menschen. Ich konnte tief in sie hineintauchen, ohne aufzufallen. In der Türkei hätte ich mich nicht getraut, fremde Menschen so genau zu beobachten. Aber hier gab es eine andere Art von Distanz. Die Menschen waren nicht nur fremd, sie waren Fremde. Anders als die Menschen in Istanbul. Hier waren sie viel größer, und die Männer trugen Hüte mit Federn. Sie sahen in etwa so aus, wie ich mir Jäger vorstellte. Ihre Blicke waren nicht abweisend. Sie waren gleichgültig. Sie wandten sich nicht ab, schützten sich nicht, blickten nicht zurück, so dass ich mich nicht bedroht fühlte.

Ich beschloss, keine Angst zu haben in diesem neuen Land. Im Gegenteil: Ich spürte eine Nähe zu etwas, das mir fremd, fern, aber nicht verschlossen zu sein schien.

Diese Kindheit in Deutschland war behütet, voller Entdeckungen, Herausforderungen und überraschender Momente.

Es war das Jahr 1970. Nach fünfmonatigem Aufenthalt im bayerischen Voralpenland, genauer gesagt, in Murnau am Staffelsee, zogen meine Eltern nach München weiter. Doch Murnau, dieser Ort, der auf meinem Atlas nicht verzeichnet war, hatte sich mir eingeprägt: die Nachtruhe, die sich später in eine Idylle verwandelte, in das besondere Licht, das an Föhntagen über dem Staffelsee liegt, das schon Maler wie Gabriele Münter und Wassily Kandinsky inspiriert hatte, und eine Landschaft, die sich mir einprägte.

Selbstverständlich wollten mich meine Eltern schon in Murnau in die Schule schicken. Wir waren ja mitten im Schuljahr dort angekommen. In der Türkei besuchte ich gerade die vierte Klasse. Doch ich weigerte mich, die Schule in Murnau zu besuchen. Der Grund war die Begegnung mit einigen Jungen, die im kniehohen Schnee auf den Feldern vor unserem Haus herumtollten, in kurzen Lederhosen. Ihre Beine waren rot, die Haut schimmerte sonderbar. Das schien ihnen aber nichts auszumachen. Diese Jungs flößten mir Respekt ein. Ich fühlte mich nicht so weit, ihnen entgegentreten zu können.

Meine Eltern waren nachsichtig. Als Ersatz für den Schulbesuch bekam ich eine deutsche Fibel geschenkt. Meine Mutter übte mit mir jetzt die Aussprache der Wörter. Ich kann mich nicht daran erinnern, dass meine Eltern später jemals wieder Deutsch mit mir gesprochen haben. In München angekommen, wurde ich in die Schule gebracht und ein halbes Jahr lang an jedem Schultag nachmittags für anderthalb Stunden zu Frau Saal, einer pensionierten Volksschullehrerin mit strengen Gesichtszügen, die sich jedoch lockerten, wenn sie mit mir die deutsche Sprache übte. Bei Frau Saal schmeckten die Wörter nach Kaffee und Kuchen, genauer gesagt, nach Apfelkuchen, der fast immer auf dem Tisch stand und von dem ich kosten durfte, wenn ich fleißig gewesen war.

Ihre Wohnung war auffallend dunkel. Es war wieder Winter geworden, und ich besuchte sie meistens spätnachmittags. Ich erinnere mich nicht, dass sie jemals das Licht eingeschaltet hätte, wenn wir uns über die Bücher beugten.

Als ich sie Jahre später einmal besuchte, um nach ihr zu sehen und mich für die Lehrstunden zu bedanken, konnte ich es nicht lassen und fragte sie danach, warum wir beim Lernen immer so im Halbdunkel gesessen hatten. Vielleicht täuschte mich ja auch meine Erinnerung. Sie lachte laut auf und antwortete ohne zu zögern: »Wenn man eine neue Sprache lernt, muss man die Wörter möglichst lange und genau beobachten. Du aber bist mir zu schnell von einem Wort zum andern gesprungen. Die Dunkelheit hat dich langsamer und aufmerksamer gemacht, und wir sind ja auch gut vorangekommen, wie man sieht.«

Sie deutete auf meinen ersten Gedichtband, den ich ihr gerade überreicht hatte.

Ich verdanke also mein Gefühl für die deutsche Sprache dem Halbdunkel und dem Geschmack von Kaffee und Kuchen, vorzugsweise Apfelkuchen. Wahrscheinlich verdanke ich dem Halbdunkel auch die Brille, die ich schon sehr früh tragen musste. Für die Sprache, die mir so gut schmeckte, hätte ich damals alles hergegeben. Sogar das Büffeln der komplizierten Grammatik, die mir wie ein Labyrinth vorkam, nahm ich widerstandslos hin. Mit Fleiß lässt sich jede Fremdsprache bis zu einem gewissen Grad erlernen. Wer aber in den Genuss einer fremden Sprache kommen möchte, braucht Hingabe. Ich bin Frau Saal heute dankbar, dass sie mir nicht nur die Sprache beigebracht hat, sondern auch die Hingabe abforderte, ja sie in mir auslöste, ohne die ich heute kein deutschsprachiger Schriftsteller sein könnte.

Aber auch meinen Eltern, insbesondere meiner Mutter, einer passionierten Lehrerin, bin ich dafür dankbar, dass sie mit mir zu Hause konsequent kein Deutsch gesprochen haben. Sie schenkten mir zwar regelmäßig deutschsprachige Bücher, aber nur zusätzlich zu türkischen Büchern, die ich ebenfalls gerne las. Auch wenn ich mit der Zeit das Gefühl bekam, als würden sich diese vertrauten türkischen Wörter von mir entfernen. Die Romane Karl Mays mit dem legendären grünen Einband verdrängten für eine Weile alles andere. Jene, die in der Türkei spielten, fand ich besonders lustig. Das Land und die Figuren, die in ihnen beschrieben wurden, hatten gar keine Ähnlichkeit mit dem Land, aus dem ich stammte.

Mit der Zeit wurde das Kinderzimmer in unserer Wohnung immer mehr zu einem deutschen Sprachraum, während die restliche Wohnung von der türkischen Sprache dominiert wurde. Eine zweisprachige Wohnung mit geregelten Grenzen, die mich zu einem zweisprachigen Menschen gemacht hat.

Grenzen sind wichtig. Ihre Überwindung gelingt nur, wenn man sie beachtet, wahrnimmt, ernst nimmt und nicht leichtfertig übergeht. So ist es zwischen den Sprachen, aber auch zwischen Menschen, Völkern und Kulturen. Ohne Grenzen gibt es keine Geborgenheit. Aber eine Grenze, die zugleich eine Mauer ist, wird früher oder später aufhören zu existieren. Denn hinter der Mauer wird es eng und der Druck auszubrechen unwiderstehlich.

Eine Lebensgemeinschaft ist immer ein wiederholtes Taxieren und Abwägen von Nähe und Distanz. So ist das in der Ehe, aber auch in der Gesellschaft. Kommen Nähe und Distanz aus der Balance, scheitert jede Beziehung.

Deutsch und Türkisch vertragen sich wunderbar, wenn sie eine Heimat haben, ein eigenes Territorium. Heimatlosigkeit beginnt damit, dass Sprachen keine Heimat mehr haben. Das Türkische in Deutschland ist oft heimatlos, so wie die deutsche Sprache bei vielen Türken keine Heimat gefunden hat. Sprachen sprechen die Sinne an. Sie klingen, sie schmecken. Zuhören beim Sprechen gelingt nur, wenn der Klang einer Sprache auch sinnlich wahrgenommen wird. Nur mit Wörtern, die einen Geschmack haben, kann man gut formulieren.

Hohe Ansprüche, wird man jetzt vielleicht denken, Ansprüche eines Schriftstellers. Irrtum! Es sind Ansprüche eines Kleinkindes, eines Kindes, das zum ersten Mal Sprache wahrnimmt, das seine ersten Worte spricht.

Noch bevor es zu sprechen beginnt, nimmt das Kind Sprache auf, hört seiner Welt zu. Die Sprache der Mutter und des Vaters.

Die Muttersprache der Eltern kann verschieden sein oder die Sprache des Elternhauses anders als die Landessprache. Die Vielsprachigkeit zu Hause ist eine für jeden Menschen prägende Erfahrung. Das Gefühl für die Sprache ist vor der Rationalisierung im Lernprozess erst einmal ein sinnliches, musikalisches Erlebnis. Das Spracherlebnis ist durchaus vergleichbar mit dem körperlichen Kontakt. Es ist eine Berührung des Bewusstseins. Was fühlt man bei dieser Berührung? Wärme? Kälte? Schmerz? Beim Lernprozess wird das Sprachgefühl überlagert. Sprache bekommt eine Schutzhaut. Aber unter der Haut existiert weiterhin die Fähigkeit, Sprache sinnlich zu genießen. Wenn diese Fähigkeit eingeschränkt ist, wird der Sprachgebrauch mechanisch.

Beim Lesen von Texten in einer Fremdsprache, die man ungenügend beherrscht, kann jeder selbst diese Erfahrung machen. Vor allem bei poetischen Texten versagt oft das Sprachgefühl. Man kann die Wörter verstehen, aber nimmt sie beeinträchtigt wahr, wie hinter einer Folie. Der Genuss bleibt aus, obwohl man zu verstehen glaubt. Auch eine Abneigung und Distanz gegenüber der Kultur der Sprache, dem Land, in dem die Sprache zu Hause ist, kann das Sprachgefühl beeinträchtigen. Schwach ausgeprägtes Sprachgefühl ist im Leben ein Hindernis, nicht nur, weil es beruflichen Aufstieg verhindert und zu sozialer Stigmatisierung führt. Das Sprachgefühl ist der Kompass zur Heimatfindung. Es ist der Schlüssel zur Empathie, zum Hineindenken ins Eigensein, das nicht selten auch ein Anderssein ist. Genau diesen Zustand der Schwebe zwischen zwei Sprachen teilen viele Kinder aus emigrierten Familien. Es kann keine Entscheidung für die eine oder andere Sprache geben, wenn Muttersprache und Landessprache nicht identisch sind. Denn das Zuhause ist zweisprachig. Es wird aber zu einem unerreichbaren Ort, wenn das Sprachgefühl in die eine oder andere Richtung blockiert ist. Das Eigene ist ohne den anderen unvollständig. Sprachen deuten die Welt unterschiedlich. Durch sie werden Denkweise, Lebensgefühl und Wahrnehmung verändert. Zweisprachigkeit setzt das Übersetzen voraus. Das Leben mit nur einer Sprache genügt dem Übersetzer nicht.

Sprache bildet nicht nur die Grundlage für Kommunikation. Sie ist auch die Voraussetzung jeglichen kommunikativen Handelns. Verständigung setzt Verständnis voraus. Jedes Gespräch, das mehr sein möchte als ein Zusammentreffen von Monologen, ist Übersetzung. Wörter haben zwei Schichten. An der Oberfläche nistet die lexikalische Bedeutung, das Sinnhafte, tiefer im Inneren das Wesentliche des Wortes, sein ursprünglicher, vor jeder Deutung existierender Kern. Er sorgt für Stimmung und Aura, reflektiert Emotionen, während an der Oberfläche Meinung gebildet und Urteil gesprochen wird. Gespräche, die an der Wortoberfläche entlang geführt werden, sind nur Fragmente. Sie geben nur einen Bruchteil dessen wieder, was in die Sprache drängt. Die Wörter, die zur Sprache kommen, sind von ihrer Wurzel abgeschnitten.

Das Verhältnis zur deutschen Sprache ist für das Selbstverständnis und die gesellschaftliche Positionierung der Einwanderer von zentraler Bedeutung. Das Aufwachsen mit zwei Sprachen, die Grenze zwischen Mutter- und Fremdsprache wird kaum von Gedanken begleitet, die das Gefühl für Sprache in seiner Bedeutung erfassen. Die schwierige, oft auch von Zurückweisung begleitete Aufnahme in Deutschland, aber oft auch fehlende Empathie auf Seiten derer, die in dieses Land kommen, behindern dann das Sprachgefühl. Das erlernte Deutsch bekommt einen mechanischen Klang. Die Kultur der Sprache bleibt fremd. Wörter sind bestenfalls eine andere Art von Währung, mit der man etwas erwerben kann, ohne etwas von sich preiszugeben. Es entsteht ein entfremdetes Sprachverhältnis als ein Ausdruck für das Fremdbleiben in der deutschen Sprache und ihrer Kultur. Wo aber ist man dann selbst? In einer Heimat, in der man nicht lebt? Unterwegs? Bildungspolitikern ist das Sprechen eines akzentfreien und korrekten Deutsch mehr als genug. Für jenen aber, der in Deutschland zu Hause sein möchte, kann das nicht genug sein, denn er sehnt sich nach Heimat, die ihm nur das Sprachgefühl geben kann.

Sprachgefühl kann nicht erlernt, aber empathisch erworben werden. Mit der Fähigkeit, sich in andere hineinzuversetzen, verliert das Eigene den Charakter einer Festung. Abschottung macht Öffnung und Überschreitung Platz. Sprache fließt, berührt und erzeugt Lust. Nichts ist von dieser Lust spürbar, wenn in Deutschland über Integration und Sprachdefizite gesprochen wird. Es herrscht die kühle Atmosphäre eines Labors. Man spricht über

Einwanderung oft so, als ginge es dabei um chemische Formeln. Wo bleiben die Wörter, die schmecken, berühren und berauschen? Wo ist der Zugang zu einer Sprache, in der man sich treiben lassen kann?

Der Niedergang in einer Gesellschaft beginnt mit der Verwahrlosung der Sprache. Wenn ich heute auf den Straßen oder in der U-Bahn Jugendliche höre, die Deutsch, Arabisch, Türkisch miteinander vermischen, keiner der Sprachen wirklich zuhörend, keiner zugehörig, fühle ich eine tiefe Verletzung in mir. Ich kann nicht begreifen, dass es Stimmen gibt, die dieser Halbierung, Viertelung, diesem Verschwinden von Sprachen irgendetwas wie Kreativität oder gar avantgardistische Kreativität abgewinnen können. Diese zerstückelten Sprachen sind für mich der Ausdruck einer Unbehaustheit.

Meine Sorge ist nicht zu verwechseln mit einer Haltung, die Jugendsprachen degradieren möchte. Es geht hierbei vielmehr um die Sorge, dass die Verwischung von Sprachgrenzen kein kreatives Potenzial hervorquellen lässt, sondern letztlich zur Verhärtung von anderen identitätsrelevanten Grenzen führt, von Stammesgrenzen, sozialen Grenzen, Geschlechtergrenzen. Denn was im Sprachengewirr verloren geht, ist die Fähigkeit zum Übersetzen. Es verschwimmen die Unterschiede, die Nähe und Distanz zum Gegenüber ausmachen. Es verschwimmt das Gefühl für die Wörter, die nicht übersetzt werden können. Der Schlüssel für ein Zuhause.

Unbestimmte Grenzverläufe verunsichern. Aus dieser Verunsicherung heraus wird die Grenzfunktion auf den Körper und die Sprache des anderen übertragen.

Die Fremdsprache erscheint unübersetzbar. Sie wird als Fremdkörper wahrgenommen. Wenn sich die Fremdsprache dann mit der eigenen Sprache scheinbar zu vermengen beginnt, entsteht keine dritte Sprache, die zu einer neuen Art von Verständigung führen könnte. Es wird lediglich die Übersetzung aufgegeben, die Grundlage jeglicher Verständigung ist. Das Kauderwelsch ist kein Kommunikationsmodell, es ist ein Kriegsruf. Ein Krieg, der im Inneren seines Verkünders ausgebrochen ist und in erster Instanz ihn selber bedroht.

Die emotionale Aufnahme der deutschen Sprache würde den nicht deutschsprachigen Bürgern dieses Landes leichter fallen, wenn sie das Gefühl bekämen, dass auch ihre Muttersprachen hier zu Hause sind und nicht nur auf eine ferne, verlassene Heimat verweisen. Zwei Sprachen, die einander nicht abweisen, sondern sich aufeinander zubewegen, um übersetzen zu können. Das Spielerische, das uns fehlt, wenn wir über Identitäten, über Herkünfte und Unterschiede sprechen, löste dann tatsächlich ein kreatives Potenzial aus.

Der Kopf eines zweisprachigen Menschen hat immer eine Raumerweiterung erfahren. Keine Sprache ersetzt die andere. Übersetzungsmaschinen funktionieren nur unbefriedigend. Der Übersetzer aber ist mit der Aufgabe konfrontiert, die unterschiedlichen Wortebenen so anzugleichen, dass die Denkstrukturen, die den Sprachen innewohnen, miteinander korrespondieren. Wenn ihm dieser Raum zugestanden wird, kann er sich entfalten. In diesem Raum ist viel Heimat. Wird dieser Raum aber begrenzt, entsteht Atemnot, eine Enge, die jede Entfaltung unterdrückt. Die Sprache ist die Brücke zwischen dem Denken und dem Empfinden. Der Umgang mit der Sprache gibt Hinweise nicht nur auf Bildungsstand, Wissen und Denkvermögen, sondern auch auf den emotionalen Haushalt eines Menschen.

Wer glaubt, mit Tabellen und Zahlenspielen die komplizierten Vorgänge, die Migrationsbewegungen auslösen, erfassen zu können, der irrt hoffnungslos. Mindestens ebenso wichtig wie die Datenerhebung ist das In-Betracht-Ziehen von Ängsten und Sehnsüchten, von Empfindungen, die sich vor allem im Verhältnis der Sprachen zueinander bemerkbar machen.

Es gibt eine nicht zu bestreitende Grundregel, wenn Menschen ihr Land verlassen und in ein anderes Land gehen. Ein entspanntes Einleben gibt es nur, wenn sie sich der Sprache ihres Einwanderungslandes annehmen und sich mit ihren Gepflogenheiten und ihrem Erbe vertraut machen. Integration ist keine mechanische Anpassung. Sie ist, wenn sie Erfolg versprechen soll, ein Einfühlen, ein Hineindenken. Das ist das ungeschriebene Gesetz jeglicher Migrationserfahrung.

Wie aber gestalten sich heute kollektive Identitäten? Wir leben nicht mehr unter den Bedingungen des 19. Jahrhunderts, dem Zeitalter der Industrialisierung und nationalstaatlicher Gesellschafts- und Identitätspolitik. Die globalisierte Konsumgesellschaft, die internationale Vernetzung des Verkehrs und der Kommunikation machen die Grenzen porös und definieren neue Erkennungsmerkmale. Die Sprache wird immer mehr zur Chiffre dieser Veränderungen. Sie wird aus ihrer nationalen Verankerung herausgerissen. Heute gibt es neben einer kulturell definierten nationalen Identität auch eine poröse Facebook-Identität, die Kultur-, Länder-, und Sprachgrenzen nicht mehr nach den Vorgaben des Kollektivs, sondern individuell gestaltet. In den laufenden Integrationsdebatten werden aber nach wie vor kollektive Identitäten in der Tradition des Nationalstaats zitiert. Die sozialen Verhältnisse und die gesellschaftlichen Bezüge verschwinden hinter konstruierten nationalen und religiösen Identitäten. Lebensläufe werden in den grellen Bildern, die solche kollektiven Identitäten entwerfen können, überblendet.

In Europa ist seit dem Zweiten Weltkrieg ein quasi supranationaler Staat, die Europäische Union, entstanden. Migration wird seit den 1950er Jahren nicht mehr von Menschen dominiert, die ihr Land für immer verlassen, um sich anderswo zu verwurzeln. Es gibt viel mehr lose und wechselnde Bindungen als früher, »Luftidentitäten«, die ihre Ressourcen aus transnationalen Zugehörigkeiten beziehen.

Diese Veränderungen haben Auswirkungen auf klassische Assimilations- und Integrationsmodelle. Aufnahme und Hingabe sind oftmals verworrene, widersprüchliche Prozesse. Ihre Gestaltung erfordert eine geistige und emotionale Auseinandersetzung, die den ganzen Menschen herausfordert. Zugehörigkeit ist zu einem Teil der Selbstbestimmung geworden. Sie lässt sich nicht mehr so leicht verordnen wie zu Zeiten, als ein autoritärer Staat seine Bürger kommandierte. Rückzugsorte sind gefragt. Und Sprache ist einer dieser Rückzugsorte.

Gebrochen Deutsch

Die Sondersprache der Deutschen

Im Berliner Westen gibt es zwei Plätze, die nach Männern benannt sind, deren Lebenswerk und Schicksal das Scheitern und den Neuanfang der deutschen Demokratie markieren. Zwischen dem Rathenauplatz und dem Adenauerplatz ist der Kurfürstendamm keine vornehme Promenade mehr. Er hat etwas Verlassenes, Verwaistes, als würde er zwei bedeutende Staatsmänner der deutschen Geschichte vergeblich versuchen, miteinander zu verbinden. Denn zwischen dem Mord an Walter Rathenau, Außenminister der Weimarer Republik, und dem ersten Kanzler und Gründungsidol der Bundesrepublik nach dem Zweiten Weltkrieg, Konrad Adenauer, liegt der Zerfall der ersten deutschen Demokratie, die Gewaltherrschaft der Nationalsozialisten und der Krieg.

Das Attentat auf Walther Rathenau im Juni 1922, begangen von zwei Männern aus dem militanten deutschnationalen Milieu, war der Startschuss einer Gegenrevolution, die das Ende der Weimarer Republik und ihre Ablösung durch die Nationalsozialisten gut ein Jahrzehnt später ankündigte.

Walther Rathenau war eine Reizfigur. Er verband ein auf die Herkunft reduziertes Judentum mit einer liberal geprägten deutschnationalen Geisteshaltung, die er sowohl in seiner politischen Laufbahn als auch in seinen Schriften zum Ausdruck brachte. Zugleich war er ein Vordenker der globalisierten Welt, der die Veränderungen in der Ökonomie und Gesellschaft genauestens beobachtete und präzise beschrieb. Rathenaus Ideal einer Assimilation in die deutsche Gesellschaft, die sich an den Werten der Aufklärung orientierte, zerschellte an der Unfähigkeit des deutschen Bürgertums, sich in die moderne abendländische Zivilisation zu integrieren. Diese Unfähigkeit trug in der Weimarer Republik zur Instabilität des demokratischen Systems bei und führte schließlich zu einer radikalen Abkehr von den Idealen der Aufklärung. Die Weimarer Demokratie wurde von vielen Deutschen als Fremdkörper wahrgenommen. Eine Staatsform, die dem »deutschen Wesen«, das sich nach einer hierarchisch strukturierten Ordnung sehnte, nicht entsprach. Walther Rathenau fand keine Heimat in diesem national gesinnten Deutschland, in dem Land, das er so liebte und mit dem er sich so verbunden fühlte. Er war der Mann, der die deutsche Kriegswirtschaft im Ersten Weltkrieg mit einem direkten Draht zum Kaiser organisierte. Er bewegte sich innerhalb der Elite des Kaiserreichs auf vielen Bühnen, in der Industriewelt, in der Kultur und Politik, und blieb doch auf all diesen Bühnen immer ein Außenseiter.

Er wurde nicht zurückgeliebt. Im Gegenteil: Er wurde zu einer Symbolfigur des Unmöglichen. Die Gegensätze, die er in seiner Person vereinte und nach außen vertrat, galten als unvereinbar. Die Stimmung des Auf- und Umbruchs repräsentierte er wie kaum ein anderer. Doch der deutsche Aufbruch stieß auf viele Hindernisse, und der Umbruch wurde vor allem als Verlustschmerz erfahren. Es gab ein deutsches Unbehagen an der Moderne.

Der deutsche Sonderweg, der aus dieser negativen Grundhaltung zum westlichen Zivilisationsmodell, aus der Ablehnung einer individualistisch und zivilgesellschaftlich organisierten, demokratischen Bürgergesellschaft geboren wurde, ist oft beschrieben worden. Aber seine psychologischen Folgen sind bis heute nicht aufgearbeitet. Denn dieser Sonderweg führte auch das deutsche Nationalempfinden in eine Sackgasse.

Das Nationalgefühl ist keine Abstraktion. Es ist ein Ferment der Identität, das im Hinterland der Sprache und des Bewusstseins gelagert ist und durch rationale Diskurse nicht abgebaut werden kann. Dieses Hinterland ist Refugium und Sammelpunkt der kollektiven nationalen Identität. Es hat seine speziellen Öffnungsmomente. Es sind jene Momente, in denen ein »Wir« und nicht ein »Ich« zu anderen spricht. Dieses Sprechen in der ersten Person Plural zu einer zweiten Person Plural hat eine identitätsstiftende Funktion. Die kollektive Identität wird zwar in der pluralen Öffentlichkeit durch einzelne Sprecher aufgespalten. Sie bleibt aber im Hintergrund, immer verschlossen und unkontrollierbar. Immer wieder bricht sie aus dem »Ich« hervor und richtet sich als unreflektiertes »Wir« an andere. Genau dort aber liegt der Schlüssel für unsere Integrationsdebatten, der

Grund, warum aus einer Migrationsdebatte mit starken sozialen Komponenten fast zwangsläufig eine Identitätsdebatte mit ethnischen, nationalen oder religiösen Konnotationen wird.

So verschieden der deutsche Jude Rathenau und der rheinländische Katholik Adenauer als politische Temperamente auch waren, beide Politiker verband dieselbe Idee, nämlich Deutschland in eine westlich-europäische zivilisatorische Ordnung einzubinden. Rathenau war der Erfolg nicht vergönnt. Die Zeit arbeitete gegen ihn. Adenauers Lebenswerk, die bedingungslose Westintegration, hatte Bestand, denn es gab keine Alternative. Er steuerte das deutsche Staatsschiff während des Kalten Krieges in den sicheren Hafen des transatlantischen Bündnisses und legte die Fundamente für ein in Europa integriertes Deutschland.

Ein Politiker von Rathenaus Format und Weltanschauung hätte den deutschen Nationalstaat mit der politischen Zivilisation des Abendlandes versöhnen können. Statt zur Versöhnung kam es zu einer blutigen Konfrontation unter der Regie eines verbrecherischen Regimes, das die Idee eines deutschen Nationalismus auf Schlachtfeldern und in Gaskammern pervertierte und für alle Zeiten moralisch zerstörte. So wurde die Versöhnung der Deutschen mit der Demokratie und der westlichen Zivilisation die Angelegenheit eines Rumpfstaates, der, jeglichen nationalen Pathos vermeidend, eine pragmatische Linie suchte und fand. Der wirtschaftliche Aufschwung und der Aufbau eines Rechtsstaats wurden zu Markenzeichen der Bundesrepublik und ab den 1960er

Jahren auch eine in der Menschheitsgeschichte beispiellose Abrechnung mit der eigenen Geschichte.

Geblieben ist von alledem eine spezielle Brüchigkeit, Verletzlichkeit der deutschen Identität. Doch diese wird in letzter Zeit, vor allem, wenn es um Einwanderung und fremde Identitäten auf deutschem Boden geht, kaum noch thematisiert. Im Mittelpunkt steht immer der andere. Ein Diskurs über diesen anderen. Der Einwanderer, speziell aus einem muslimischen Land, hat inzwischen das Image eines Sorgenkindes. Wohlwollend möchte man sich darum kümmern. Am liebsten aber würde man es wieder los. Denn ein Wunschkind ist es nicht.

Mit Begriffen wie »deutsche« Leitkultur versucht man aus der Position eines unreflektierten »Wir« eine Kommunikation mit dem anderen zu führen. Es ist das Nationalgefühl, das hier zu den anderen spricht, ummantelt von einem scheinbar rationalen Integrationsdiskurs. Kann sich ein Nationalgefühl offen zu seiner Brüchigkeit bekennen, ohne sich selbst aufgeben zu müssen? In welcher Sprache wird ein solches Bekenntnis formuliert?

Zwei Generationen von Deutschen sind nach dem Krieg diesem Gefühl aus dem Weg gegangen. Mit nationalen Symbolen ging man sparsam um. Die Generation, die den Zweiten Weltkrieg miterlebt hatte, war schweigsam. Die Generation der Söhne und Töchter kam mit bohrenden Fragen und nicht selten mit scharfen Vorhaltungen. Deutsche Identität wurde nach '68 zu einer negativen Folie. Deutsch zu empfinden machte verdächtig. Gern lehnte man sich an Fremdes an, um die empfundene Distanz zum Eigenen zu stabilisieren und zu vergrößern.

Das in unseren Tagen eingeforderte lockere Verhältnis zum Eigenen hat in Westdeutschland keine demokratische Tradition und im Osten eine ganz andere als im Westen. Die Brüchigkeit ist und bleibt der bestimmende Identitätsfaktor der Deutschen, die durch die Überwindung der deutschen Teilung keineswegs verschwunden ist. Vielmehr wirkt sie heute als eine wunde Stelle, die man ungern berührt.

Das Deutsche, das sich heute und hier dem Fremden entgegenstellt, fantasiert sich wieder stärker als eine homogene, unverletzte Einheit. Sie, die Einheit, aber ist lediglich ein Gefühl, eine fragmentierte Erinnerung an Traditionen und den Geschmack des Zusammenhalts, der lange Zeit gar nicht mehr wahrgenommen wurde. Ein wieder auf den Geschmack gekommenes deutsches Nationalgefühl sucht eine Sprache, um sich mitzuteilen. Doch bislang eher vergeblich. Die Deutschen sprechen ein »gebrochenes Deutsch«, wenn sie über ihre Identität, über ihr Deutschsein sprechen. Dieses gebrochene Deutsch ist eine Sprache, die nicht weniger wichtig ist als die Alltagssprache, in der man kommuniziert. Denn sie lenkt die Alltagssprache, gerade wenn das Wort an andere gerichtet wird. Eine Sprache, die nicht frei von Schamgefühlen ist. Sie bleibt am liebsten im Verborgenen. Doch die Sprache, die formal und politisch korrekt erscheint, wirkt dadurch artifiziell und bemüht. Denn sie ist von ihrem Hintergrund abgeschnitten. Das Gedächtnis der Wörter macht die eigentliche Identität einer Sprache aus.

Das Integrationsproblem in Deutschland wird zunehmend zu einem Kommunikationsproblem zwischen dem Eigenen und dem Fremden.

Das Erlernen der deutschen Sprache ist für jeden Menschen, der in Deutschland leben möchte, eine unbedingte Notwendigkeit. Für jene aber, die sich niederlassen und hier Heimat finden möchten, ist sie keineswegs ausreichend. Mindestens genauso wichtig wie ein akzentfreies, korrektes Deutsch ist das Erlernen des »gebrochenen Deutschs« der Deutschen. Wie aber lernt man eine solche, offiziell nicht gesprochene Sprache? Die innere Landessprache eines Volkes? Und wie kommuniziert man in ihr, wenn sie weder in Lehrbüchern noch in der Grammatik auftaucht?

Für Einwanderer wäre es wichtig, in jene Felder vorzudringen, die von Deutschen als Tabu wahrgenommen werden. Tabu ist zu einem Modebegriff geworden, und das häufige Auftauchen dieses Wortes in einem demokratischen Land mit freier Meinungsäußerung ist vielsagend.

Tabu deutet auf alle Gebiete, die dem korrekten Deutsch verschlossen bleiben. Tabu ist eine Metapher für das gebrochene Deutsch. Der Versuch, dieses gebrochene Deutsch in korrektes Deutsch zu verwandeln, beschreibt den Identitätsfindungsweg der Deutschen seit der Wiedervereinigung. Am Rande dieses Weges stehen sowohl Szenen aus der Geschichte, wie die Vertreibung der Deutschen aus dem Osten Europas, als auch Bilder aus der Gegenwart, wie Moscheen und fremdländisch gekleidete Menschen.

Viele Einwanderer bemühen sich entgegen der vorherrschenden Meinung in der Gesellschaft, die deutsche Sprache zu erlernen. Doch sie haben kein Verhältnis zum gebrochenen Deutsch. Hier hat nicht einmal in Ansätzen ein Lernprozess begonnen. Das ist nicht verwunderlich. Denn dieser Lernprozess ist nicht funktional, sondern emotional. Er erfordert das Eindringen in den deutschen Identitätsraum, das Sichhineindenken in eine verborgene Sprache, die genau jenen Zusammenhalt in Deutschland ausmacht, den man als national benennen könnte. Die meisten Einwanderer haben bislang keinen Zugang dazu. Ihr Integrationsprozess beschränkt sich auf das Funktionale. Er soll vor allem in der Schule und am Arbeitsplatz stattfinden.

Ohne Zweifel sind die Bildungsinstitutionen und der Arbeitsmarkt bedeutende Integrationskräfte. Doch eine Kommunikation zwischen Deutschen und den anderen kann nicht allein institutionell stattfinden. Kommunikation hat immer eine persönliche Grundlage, die in Deutschland geradezu auffällig unterentwickelt ist. Die biografischen Hintergründe der Deutschen und der Einwanderer berühren einander kaum. So bleiben auch die Psychosen verdeckt, unangesprochen. Aus ihnen aber wächst die Angst gegenüber dem Fremden, die von einem brüchigen Selbstverständnis befeuert wird.

Vom heutigen Standpunkt aus gibt es vielleicht zwei Wege, die nicht allein für sich weiterführen, sondern gemeinsam betrachtet werden müssten. Auf dem ersten Weg konzentriert man sich auf eine funktionale Integration, stärkt die Bildungsabschlüsse der Einwanderer, integriert sie besser in den Arbeitsmarkt. Dabei sollen sie ihre Kultur und Traditionen selbstverständlich behalten und weiter pflegen, solange sie nicht gegen die für alle Menschen in Deutschland verbindlichen Gesetze verstoßen. Dieser Weg ist zurzeit allgemeiner Konsens, führt aber zum Ausbau einer bereits in Ansätzen bestehenden fragmentierten Gesellschaft. Denn die Bindungen der Einwanderer an ihre Herkunft werden nicht so schnell abreißen. Doch sie verändern sich auch. Die Migration unserer Zeit führt vor allem zu neuen Verflechtungen und nicht zu imaginierten Parallelwelten. Wenn das Fremde, wie es in Deutschland oft geschieht, als Besonderheit inszeniert wird, verschwinden die komplexen Verflechtungen einer Migrationsgesellschaft hinter scheinbar trennenden Markierungen.

Obwohl dieser Weg bis heute propagiert wird, scheint sich kaum jemand Gedanken über die Konsequenzen und Widersprüchlichkeiten zu machen, die aus ihm erwachsen. Sonst würden Aussprüche wie »Multikulti ist tot!« nichts anderes bedeuten, als dass sich ethnische Zugehörigkeiten auflösten. Der Wunsch ist hierbei vielleicht Vater des Gedankens. Doch schon ein flüchtiger Blick auf die Realität offenbart ganz andere Konsequenzen, nämlich eine zunehmend starke Bindung der Einwanderer an ihre Muttersprache und ihre Herkunft bei zugleich wachsender Kompetenz in der deutschen Gesellschaft. Das ist keine Überraschung, sondern eine logische Folge einer funktionalen Integration, die die emotionale Heimat und Zugehörigkeitsfrage außen vor lässt. Doch diese Konsequenz wird weder durchdacht, noch wird sie allgemein akzeptiert. Gerade weil sie nicht im Integrationsplan auftaucht, macht ihre Sichtbarkeit in der Realität Angst, und schon ihre Thematisierung führt zu panikartigen Reaktionen, wenn es beispielsweise um die Gründung deutsch-türkischer Bildungsinstitutionen oder um islamische Gotteshäuser geht.

Der zweite Weg würde genau bei diesen Ängsten ansetzen und versuchen, die deutsche nationale Identität mit ihren Brüchen und Widersprüchen, so wie sie sich heute darstellt, offen, zumindest aber offener zu thematisieren. Warum gelingt das, was in Ansätzen zwischen Ost- und Westdeutschland möglich war, nämlich ein Austausch über den unterschiedlichen Weg der Biografien, zwischen Deutschen und den anderen nicht? Deutsche, die sich über ihre Herkunft definieren, ziehen die Grenzen ihres Landes oft so, dass Eingewanderte ausgeschlossen werden. »Wir sind hier in Deutschland und fühlen uns fremd im eigenen Land«, »Ich erkenne mein Land nicht wieder«. Solche Aussagen sind in letzter Zeit immer häufiger zu hören. Sie stellen unverhohlen die Eigentumsfrage: Wem gehört dieses Land – Deutschland? Wer hat hier das Sagen? Wer spricht für uns? Wenn dann der Bundespräsident eine lapidare Aussage, nämlich dass der Islam auch zu Deutschland gehört, in eine feierliche Rede zum 20. Jahrestag der Wiedervereinigung aufnimmt, führt dies sofort zu unversöhnlichen Kontroversen. Wenn es deutsche Staatsbürger muslimischen Glaubens gibt, dann gehört der Islam selbstverständlich zu Deutschland. Was sonst? Doch die nationale kulturelle Identität der Deutschen, die sich eben nur gebrochen

ausdrückt, fühlt sich durch eine solche Aussage entfremdet, missverstanden, falsch interpretiert.

Wäre das Verhältnis der Deutschen zur eigenen Ge
schichte und kulturellen Tradition historisch gewachsen
und nicht einer partiellen Amnesie ausgesetzt, dann ließen sich viele Berührungspunkte zur islamischen Kultur
finden, nicht nur beim größten Dichter der deutschen
Sprache, Johann Wolfgang von Goethe, Autor des *West
Östlichen Diwans*, sondern beispielsweise auch bei Imma-
nuel Kant, dessen Doktorurkunde von 1755 mit der arabischen Formel »Bismi 'llahi r-rahmāni r-rahim« beginnt.
Das ist die Eröffnungsformel von 113 der 114 Suren des
Korans, die zu Deutsch »Im Namen des barmherzigen
und gnädigen Gottes« lautet.

Mit dieser Formel leiten Muslime ihre Schriften und
auch Tätigkeiten ein. Geistige und künstlerische Strömungen unterschiedlicher Art, wie die deutsche Aufklärung, die Romantik, der Expressionismus, pflegten
ein inniges Verhältnis zur islamischen Kultur. Wer den
Engelfiguren in Rainer Maria Rilkes Dichtung näherkom-
men will, muss auch in den Koran schauen. Die orientalischen sprach- und landeskundlichen Wissenschaften
wurden seit dem 18. Jahrhundert in Deutschland, von
deutschen Wissenschaftlern, zur Blüte gebracht. Doch
an dieses Erbe gibt es heute kaum eine nennenswerte
Erinnerung.

Das selbstvergessene Deutschland spricht gebrochen
Deutsch und fantasiert sich als homogene kulturelle
und ethnische Einheit gegenüber den anderen. Statt
eine universelle Zivilisationssprache zu zitieren, die auf

Menschenrechten und den Werten der Aufklärung beruht, wird in Integrationsdebatten immer wieder eine kulturalistische Selbstbeschreibung bemüht, in welche sich andere nur dann integrieren können, wenn sie sich mit den präsentierten Bruchstücken der deutschen Kulturtradition identifizieren können. Die völkische, abstammungszentrierte Grundlage des deutschen Selbstverständnisses bleibt dabei eine unausgesprochene, aber keineswegs überwundene Denkweise, die selbst eine assimilatorische Integration verhindert. Zu viele unbehandelte Fragen, verdrängte Denkmuster und Widersprüche lassen heute deutsche Identität eher als Minenfeld erscheinen denn als roten Teppich für Einwanderer oder als Partymeile, auf der ein fröhliches Zusammensein inszeniert wird.

Im öffentlichen Diskurs und in der offiziellen Integrationspolitik erscheinen die beiden Wege in ein deutsches Zuhause als unvereinbar. Das ist vielleicht ein Grund dafür, warum es einen geistigen Stillstand in Integrationsfragen, eine zunehmende Entfremdung zwischen Einheimischen und den anderen gibt, obwohl manche der Letzteren seit vier Generationen auf deutschem Boden leben, nicht wenige sehr angepasst sind und Deutschland sich durch Migration sichtbar verändert hat. Die Lösung dieses Knotens setzt viel Ehrlichkeit und auch einen schmerzlichen Eingriff in das Eigene voraus, und sie fordert beide Seite heraus, sowohl Einheimische als auch Einwanderer.

Heute aber leben wir in einem Zustand der Lüge und der Selbsttäuschung. Millionen Türken, Italiener, Spanier und andere werden als Deutsche angesprochen. Deutsche werden aufgrund ihres muslimischen Glaubens als Fremde oder Ausländer wahrgenommen. Der Gastarbeiter ist zwar kein Gast mehr, hat aber immer seltener Arbeit. Eine verworrene, für alle Seiten belastende Situation, bestens dazu geeignet, Ängste zu potenzieren, Vertrauen abzubauen und die Atmosphäre so zu vergiften, dass die Wirklichkeit krisenhafter erscheint, als sie bei nüchterner Betrachtung tatsächlich ist.

Die atonale Welt

Wie viel Vielfalt ertragen wir?

Viele Zeitgenossen stehen vor gemischten Gesellschaften so ratlos und irritiert wie vor einer atonalen Komposition. Atonale Werke werden dem breiten Publikum häppchenweise zugemutet. Häppchenweise Einwanderung, kontrolliert, begrenzt, so müsste es vonstattengehen. Schließlich wurde das Einwanderungsgesetz, das Deutschland Anfang der 2000er Jahre als Einwanderungsland definieren sollte, ja auch »Zuwanderungsbegrenzungsgesetz« genannt. Als wolle der Gesetzgeber mit diesem fast unaussprechbaren Wortungetüm eine hohe Integrationshürde aufbauen.

Menschen brauchen Fundamente. Fundamente bieten das Gefühl der Kontinuität und die Sicherheit der Wiedererkennung – Kontinuität und Widererkennung sind Grundsicherheiten. Der Wunsch nach einem belastbaren Fundament beginnt im warmen Mutterleib und wird nach der Geburt in der Geborgenheit der Familie und in der nächsten Umgebung ausgelebt. Die Bindung zu den Eltern ist die emotionale Voraussetzung des Lebens. Dem gleichen Prinzip folgt der Hausbau. Ein Stück Erde wird zum Eigenen. Die eigenen vier Wände markieren Grenzen nach außen, verleihen Intimität und verschaffen Zugehörigkeit nach innen.

Die Beziehung zum eigenen Haus ist der Nukleus der Beziehung zum eigenen Land. Die Nation ist auch eine Eigentümergemeinschaft. Wahrscheinlich lösen die gemischten, multikulturellen und multinationalen Gesellschaften bei vielen Einheimischen Gefühle der Unbehaustheit aus. Bei Einwanderern ist das nicht nur ein Gefühl, es ist gelebte Realität, da sie ihr Land verlassen haben, um in einem fremden Land Wurzeln zu schlagen. Nicht wenige treten dem Gefühl der Obdachlosigkeit dadurch entgegen, dass sie sich Räume schaffen, die ihnen Kontinuität und Widererkennung versprechen. So entstehen sogenannte Parallelgesellschaften, die nur dann als problematisch anzusehen sind, wenn sie undurchlässig werden. Parallelgesellschaften als Orte des Übergangs gibt es dagegen in jedem Einwanderungsland. Sie sind elementar notwendig, um das Einleben in einem fremden Land zu erleichtern, ja überhaupt erst zu ermöglichen.

Die starre, ablehnende Haltung gegenüber diesen Enklaven der Einwanderer, wie sie in Deutschland üblich ist, deutet auf ein grundlegendes Problem mit der Einwanderung hin. Sie stellt die Ängste der Einheimischen bloß. Auch bei ihnen walten Ängste vor der Obdachlosigkeit durch den Verlust von Kontinuität und Wiedererkennung. Eine bewusste und kluge Einwanderungspolitik muss zwischen diesen Ängsten moderieren. Das kann nur gelingen, wenn in beide Richtungen geschaut, gesprochen und gehandelt wird. Eine solche Einwanderungspolitik aber findet in Deutschland nicht statt. Stattdessen werden die Ängste der Menschen dadurch bedient, indem der Einwanderer in erster Linie als ein Fremdkörper wahrgenommen wird. Immerhin wird ihm zugestanden, dass er etwas tun kann und muss, um etwas an seinem Schicksal zu ändern. Sind denn die Einheimischen in dieser Situation nicht auch gefordert? Wie gehen sie mit dem Verlust von Kontinuität und Wiedererkennung um, die sie alltäglich erfahren?

Heute scheinen uns Grund und Boden auf vielfältige Weise verloren zu gehen. Das eigene Land wird mit Fremden geteilt. Dort, wo wir zu Hause sind, ist auch fast immer Ausland. Der Mensch ist angehalten, flexibel zu sein, um im Berufsleben zu bestehen. Selbst Ehen werden nicht mehr fürs Leben geschlossen, sondern für Lebensabschnitte. Unser Raum- und Geschwindigkeitsgefühl ist einer permanenten Veränderung ausgesetzt. Das Leiden an einer nur der Ratio unterworfenen Welt, die sich in der Romantik stilisiert ausdrückte und sich in der folgenden Industrialisierung als Entfremdung materialisierte, hat sich in unseren Tagen in eine existenzielle Angst verwandelt. Diese Angst löst Gefühle aus, die auch eine Geschichte haben. Sie verbindet die Menschen und trennt sie von anderen, die diese nicht teilen.

In Deutschland ist es nicht einfach, über diese emotionalen Aspekte der Zugehörigkeit zu sprechen. Heimat und Identität wurden in der deutschen Geschichte missbraucht und mit Blut befleckt. Stärker und brutaler als anderswo. Die Volksgemeinschaft ist in Deutschland kein Rückzugsort, sondern ein Schlachtfeld. Sie wirft einen dunklen Schatten auf den Volksbegriff. Er ist aber in Einwanderungsfragen ein Schlüsselbegriff. Lässt er sich in dem Begriff der Nation auflösen, werden Herkunftsfragen zweitrangig. Inwieweit aber gelingt diese Transformation des Volkes in die Nation? Hierbei entsteht zumindest eine Angespanntheit, die offener thematisiert werden müsste. Denn wer keinen Frieden in sich hat, kann dem anderen auch nicht sicher und gelassen begegnen.

Wenn man Deutschland mit anderen europäischen Ländern wie Frankreich und Großbritannien vergleicht, steht das Land geradezu glänzend da, wenn es um die Integration von Ausländern geht. In nicht sehr vielen Ländern sitzen in den Parlamenten so viele Abgeordnete ausländischer Herkunft. Trotz vielfacher Mängel im Bildungssystem ist selbst auf diesem Gebiet einiges erreicht worden, vor allem, wenn man den sozialen Hintergrund und nicht die ethnische Zugehörigkeit der Migranten als Maßstab nimmt. Dennoch herrscht Unruhe, ja Abwehr, eine Stimmung des Untergangs, gepaart mit aggressiver, diffamierender Rhetorik, die das Erreichte gefährdet, Menschen fremder Herkunft diesem Land entfremdet und den Weg ihrer Integration erschwert. Über diesen Gegensatz zwischen den gefühlten und den tatsächlichen Auswirkungen der Migration wird erst seit Kurzem gesprochen. Doch auch in diesen Gesprächen stehen fast immer nur die Migranten im Mittelpunkt. In einer Einwanderungsgesellschaft geht es aber immer auch um die Einheimischen. Die überwiegend negativen Gefühle der

Deutschen gegenüber der Einwanderung können nicht einfach beiseitegeschoben werden, wenn über Integrationsprobleme der Migranten debattiert wird.

Wir können die Augen auch nicht verschließen und so tun, als lebten wir in einer Zeit, in der Nationalstaaten eine ewige Harmonie in sich tragen. Die Einbettung in kollektive Empfindungsmuster, die in der Geschichte strenge Formen wie den Ständestaat schuf, zerbrach in der Moderne. Es entstanden neue Lebensformen, die die althergebrachte Tradition und ihre Institutionen in Frage stellten. Diese Entwicklung wurde von einer Umwälzung der Produktionsformen begleitet. Dieser Prozess der Industrialisierung und Verstädterung ist weitgehend Geschichte. Nicht verschwunden ist dagegen das Gefühl, das er hinterlassen hat. Ein Gefühl der Heimatlosigkeit, das immer wieder zu Sehnsuchtsausbrüchen führt. Deshalb haben totalitäre Ideologien im vergangenen Jahrhundert Menschen in Scharen verführen können. Das Heimweh kann nämlich die parlamentarische Demokratie, die offene Gesellschaft und den Pluralismus gefährden und die Integration von Fremden in die eigene Gesellschaft blockieren. Es verschwindet aber auch nicht, indem man so tut, als gäbe es kein Heimweh.

Das 20. Jahrhundert war das Jahrhundert der Vertreibungen. Das 21. Jahrhundert könnte das Jahrhundert des Heimwehs werden. Dieses Heimweh wird nicht mehr von Ideologien und Gesellschaftsentwürfen bedient, sondern von einem Gespräch über den Gartenzaun, kleinen Formen der direkten Demokratie – Volksentscheide haben Konjunktur –, und dem Ressentiment gegenüber dem Fremden, der immer stärker zur Projektionsfläche für jegliche Herausforderung wird. Menschen wollen stärker mitbestimmen, was in ihrer Umgebung geschieht. Doch sie laden sich damit auch mehr Verantwortung auf. Was geschieht, wenn ein Großteil der Bevölkerung keine Fremden als Nachbarn haben möchte? Diese Frage kann jeder Türke, der sich einmal auf Wohnungssuche in einer deutschen Stadt begeben hat, ziemlich eindeutig beantworten.

Das Schulversagen der Kinder, die Kinderlosigkeit, die zerrüttete Ehe, der gefährdete Arbeitsplatz, Lohnkürzung, die verdreckte U-Bahn, neuerdings die Unpünktlichkeit der Züge. Irgendwie ist das alles ja auch mit der Globalisierung verknüpft. Früher war in manchem Arbeitszimmer ein Globus. Auf diesem konnte man den eigenen Standort orten. Heute mutet der Globus im Arbeitszimmer nostalgisch an, denn der Schreibtisch ist mit der ganzen Welt vernetzt.

Zu viel Atonalität begegnet uns im Alltag. Das Zusammenleben von Menschen verschiedener ethnischer Herkunft und Religion fordert Hör- und Sehgewohnheiten heraus. Doch moderne Gesellschaften wären auch ohne ethnische Vielfalt nicht homogen. Die Einwanderung wirkt lediglich als Katalysator heterogener Verhältnisse. Die soziale Fragmentierung muss in einer modernen Gesellschaft in jedem Fall ausgehalten werden. Gegensätze zwischen Arm und Reich, zwischen Gebildeten und weniger Gebildeten, zwischen Stadt und Land, zwischen bürgerlichen Schichten und Arbeitern sind nicht verschwunden. Die Idee von der Gleichheit der Menschen wird überall und jederzeit widerlegt. Menschen sind bestenfalls vor dem Recht gleich. Gleichheit widerstrebt der menschlichen Natur. Die Verschiedenheit ist der Ursprung von Individualität.

Menschliche Vielfalt ist Schönheit und Fluch zugleich. Denn in der Gemeinschaft müssen die Einzelnen miteinander kommunizieren, einander aushalten. Menschen müssen sich entfalten können, ohne einander zu beeinträchtigen. Die Unterschiede machen sie füreinander interessant, attraktiv, zugleich aber zu Konkurrenten. Ein Gesellschaftsvertrag macht Zusammenleben erst möglich. Der Rechtsstaat verschafft die nötige Sicherheit. Eine Gemeinschaft der mündigen Bürger, die einen solchen Vertrag schließen, war der Traum der Aufklärung. Die Aufklärung war und ist keine Frage des Blutes. Sie war eine Denkweise, die das Leben der Einzelnen in der Gemeinschaft revolutionierte, weil sie Autoritäten entthronte und die Vernunft als die humane Zentralperspektive etablierte. So wurde die Idee vom Leben in Freiheit geboren.

Der Mensch ist aber nicht nur ein vernünftiges Wesen. Die Geschichte des 20. Jahrhunderts mit seinen zahlreichen monströsen Zivilisationsbrüchen hat ein schulbuchmäßiges Verständnis der Aufklärung unmöglich gemacht. Sie hat die dunklen Kräfte, die auf den Menschen wirken, mit allen denkbaren und undenkbaren Schrecken offenbart. Das Selbstverständnis der aufgeklärten Gesellschaften wurde von Grund auf erschüttert. Doch der Mensch als Zivilisationssubjekt hat diese Erfahrungen aufgenommen und verarbeitet. Er hat sich von der euphorischen Moderne verabschiedet und ist in eine melancholische Moderne übergegangen, die die Komplexität und Widersprüchlichkeit des Menschen und die Fallstricke des Zusammenlebens nicht mehr zugunsten einfacher Muster beiseiteschiebt. Die Denkschulen bis in die 1980er Jahre, die Frankfurter Schule von Max Horkheimer und Theodor Adorno, Philosophen wie Michel Foucault und Emmanuel Lévinas stehen mit ihrem Werk für diese Wahrnehmung des komplexen Menschen und untergraben ein cartesianisches Verständnis menschlicher und gesellschaftlicher Existenz. Der Mensch mit seinen dunklen Innenwelten wurde von diesen Philosophen eindringlich beleuchtet. Ebenso die Wirkung gesellschaftlicher Zusammenhänge auf das Individuum. Das Zusammenleben heute müsste die philosophischen Erkenntnisse der späten Moderne berücksichtigen, wenn sie nicht im luftleeren Raum argumentieren will.

Doch seit den 1980er Jahren erleben wir wieder eine Tendenz zur Vereinfachung des Menschenbildes, einen Versuch der Vergewisserung von Identitäten, die als fixe, kulturspezifische Konstruktionen gedacht werden. So kommt es zu groben, antagonistischen Wahrnehmungsmustern, zwischen »Europa« und »Orient«, »Islam« und »Christentum«. Widersprüche zu denken und zu hinterfragen kommt aus der Mode. Dabei waren diese Widersprüche nach dem Fall der Mauer zuerst im Osten Europas unübersehbar. Der Siegeszug der Freiheit geht in vielen Orten mit einer Wiederbelebung nationalistischer Ideologien einher. Der Vielvölkerstaat Jugoslawien endete blutig. Dieser Zerfall Jugoslawiens ist bis heute in seiner tragischen Bedeutung nicht verstanden worden. Er wurde als ein typisches Balkanphänomen abgetan, dabei sind die Fragestellungen Jugoslawiens, die das Zusammenleben verschiedener Konfessionen und Nationalitäten betreffen, längst zu Fragestellungen der meisten Länder in Europa geworden, so auch zu einer deutschen.

Die Fragen, die hierbei aufgeworfen werden, bedürfen einer sensiblen, differenzierten Sprache. Die grobschlächtige Selbst- und Fremdwahrnehmung aber lässt zunehmend eine Gladiatorensprache entstehen, die bestens für Talkshowduelle geeignet ist, nicht aber für eine Philosophie des Zusammenlebens im 21. Jahrhundert. Die Simplifizierung wird dort gefährlich, wo sie das Denkvermögen der Menschen überwindet und ihre Herzen erreicht. Eine wohlige Wärme breitet sich dann aus, die scheinbar für ein lang ersehntes Gemeinschaftsgefühl sorgt. »Wir« gegen die »Anderen«, diese Konstellation knüpft eine Hängematte aus dünnem, abgenutztem Strick. Sie wird weder den einen noch den anderen tragen können. Doch sie verhindert in jedem Fall die Verwechslung der Hängematten.

So findet eine schleichende Fundamentalisierung des Selbstverständnisses der abendländischen Zivilisation statt. Zum Beispiel macht die Formel vom »christlich-abendländischen« Kulturkreis die Runde. Sie wird weniger als personifizierbarer Eigenname, als Identifikationsmuster für das Eigene eingesetzt denn als eine Distanzierung gegenüber dem Fremden. Denn der christlich-abendländische Kulturkreis ist durch die Reformation, spätestens aber durch den Aufklärungsprozess im 18. Jahrhundert zu Grabe getragen worden. Die Moderne, die das Gesicht Europas geprägt hat, die Industrialisierung, die Rationalisierung und der Positivismus waren nicht Folgen kirchlicher Enzyklika, sondern säkularer, in den meisten Fällen glaubensferner Denkschulen. Geradezu ein Hohn ist die Zufügung des jüdischen Elementes zu diesem Kulturkreis angesichts der apokalyptischen Geschichte des europäischen Judentums.

Dieser tumbe Identitätsentwurf eines christlich-jüdischen Abendlandes bezweckt nur eines: die Abgrenzung gegenüber dem Islam. So wird sie zur schrillen Begleitmusik der Migration von Muslimen nach Europa. In diesem christlich-abendländischen Kulturkreis geht es nicht um Fragen der Spiritualität in der säkularen Gesellschaft, um ein christliches Menschenbild, um das Erbe der Religionskriege, es geht dabei vor allem um die anderen, die angeblich nicht dazugehören. In der islamischen Welt wird eine ähnliche Denkweise von religiösen Fanatikern verfochten.

Nun wären die Werte der Aufklärung, allen voran die Menschenrechte, ja wirklich ein solides Fundament, um einer heterogenen Gesellschaft Identität zu verleihen. Denn diese Werte haben nicht Volksgruppen, Nationen und Glaubensrichtungen als Basis, sondern das Individuum als Elementarteilchen der Gesellschaft. Trotz oder gerade wegen der erlebten Krisen und blutigen Erfahrungen, die die Menschheit im vergangenen Jahrhundert durchlaufen hat, steht der Aufklärungsprozess auch heute ohne Alternative für ein zivilisiertes Zusammenleben.

Wir leben gerade wegen der Erfahrung des Zivilisationsbruchs im 20. Jahrhundert nicht mehr im Zeitalter irrationaler Verhaltensmuster, könnte man hoffen. Doch die Realität ergibt ein anderes Bild. Die Komplexität des Menschen fordert immer wieder ihren Tribut. Die Ideale der Aufklärung sind kein Teil der Erbmasse. Sie müssen von jeder Generation angenommen und verinnerlicht werden, um Wirkung zu entfalten. Sie können andererseits aber auch instrumentalisiert werden, um Kulturkreise mit dem Ziel zu konstruieren, Fremde auszugrenzen. Zwischen der Vereinnahmung der Aufklärung als Etikett für eine bestimmte Kultur und ihrer Anwendung im gesellschaftlichen Leben entsteht eine Kluft. Diese Kluft könnte nur durch den universellen, allgemeinmenschlichen Charakter der Aufklärung überwunden werden. Die Unvereinbarkeit der anderen, zum Beispiel der Muslime, mit den Werten der Aufklärung wird dagegen zum stigmatisierenden, weil formelhaft wiederholten Urteil und somit zum Vorurteil. Dieses Vorurteil sperrt sich einem rationalen Diskurs, einer wissenschaftlichen Prüfung. Es wird zur Glaubenssache und somit genau zum Gegenteil dessen, was die Aufklärung verspricht.

Auch die Aufklärung bringt inzwischen ihre »Ketzer« hervor. Sie haben die falsche Religion oder ethnische Herkunft. Sie gehören dem Islam an, und weil sie dem Islam angehören, hatten sie keine Berührung mit der Kultur der Aufklärung. So denkt man. Man könnte diese

Menschen, die nicht im Einklang mit den Werten der modernen Gesellschaft leben, man könnte sie, wenn sie aus der Türkei stammen, und ein überwiegender Teil kommt aus diesem Land, mit der Geschichte ihrer eigenen Kultur konfrontieren. Wer heute seinen Töchtern den Bildungsweg versperrt und ein selbstbestimmtes Leben verweigert, sie zu Zwangsehen drängt, ist nicht nur mit der »deutschen« Leitkultur und dem deutschen Grundgesetz im Konflikt. Er steht auch außerhalb der türkischen Modernisierungsgeschichte. Doch diese Modernisierungsgeschichte ist jenen Verteidigern der Aufklärung in Deutschland nicht nur fremd geblieben, er scheint ihnen sogar ein Dorn im Auge zu sein. Denn deren nähere Betrachtung und Erwähnung würde der Instrumentalisierung der Aufklärung als Nationalkultur den Weg verbauen. Stattdessen entstünde wieder eine universelle Sprache, die über Glaubensgrenzen und nationale Zugehörigkeiten hinweg Menschen verbindet. Die ursprüngliche Idee der Aufklärung.

Es sind nicht die orthodoxen Muslime, die in Deutschland nicht heimisch werden, sondern vor allem die säkularen Türken, die einem sehr rigiden universellen Zivilisationsideal anhängen. Damit stellen sie hierzulande fast schon eine Provokation dar. Denn ihr Welt- und Lebensverständnis konterkariert den Hang der deutschen Öffentlichkeit zum Kulturalismus. Ja, die türkischen säkularen Eliten sind manchmal oberflächlich, misstrauisch gegen jeglichen kulturellen Tiefgang, der sich aus den quasireligiösen, metaphysischen Diskursen speist. Sie gleiten lieber, als dass sie tauchen. Das

»geheime Deutschland«, dieser poetische Entwurf einer Seelenverwandtschaft, wird ihnen für immer verschlossen bleiben. Erschwerend kommt noch hinzu, dass der universelle Zivilisationsentwurf in der Türkei eng mit dem türkischen Nationalismus verknüpft ist. Für religiös inspirierte Menschen, die sich aufklärerischen Gedanken nicht per se verschließen, bietet aber das deutsche Kulturverständnis tatsächlich reizvolle Ankerpunkte. Muslimische Intellektuelle in der Türkei lesen gerne Martin Heidegger. Die Skepsis gegenüber der Technik der Zivilisationsgeschichte und ihre Gegenüberstellung mit einem metaphysisch überhöhten Ethos offenbart Berührungspunkte. Die muslimischen Heidegger-Interpreten sind gegenüber dem universellen Charakter des Zivilisationsprozesses zumindest skeptisch eingestellt und führen gerne Kulturdebatten.

In den aufgeklärten Gesellschaften steht der Scheiterhaufen nicht mehr auf den Richtplätzen, er ist verinnerlicht worden und lodert immer wieder auf, in den Tiefenschichten des Bewusstseins. Dieses Auflodern ist in der Sprache der Vorurteile und in der Denkweise der Ausgrenzung aufgehoben. Wir leben in einer Epoche der Verunsicherung, die ihre eigene Fragilität mit einer rohen und unreflektierten Begrifflichkeit zu überspielen versucht.

In Deutschland ist die Fallhöhe zwischen dem hohen geistigen Niveau des philosophischen Erbes und der gegenwärtigen Verflachung öffentlicher Diskurse besonders groß. Eine stark polarisierende Sprache des Kulturkampfes hat an Raum gewonnen, verhindert eine nüchterne Analyse der Zustände und ersetzt inzwischen mehr und mehr Reflexion und Analyse. Sie bringt Pauschalurteile hervor und zwingt zur Parteinahme. Das Entweder-oder wird zur Denkschablone. Zwischentöne werden nicht mehr zugelassen. Reizwörter wie »der Islam« oder »die multikulturelle Gesellschaft« lösen reflexartige Reaktionen aus, die es erschweren, Differenzierungen vorzunehmen.

In Einwanderungsgesellschaften mit ihrer kulturellen Vielfalt sind aber Zwischentöne die bestimmenden Farben. Ein Schwarz-Weiß-Denken beschreibt nicht die Konflikte des Identitätswandels, es schürt diese Konflikte. Es führt zu einer Verwilderung der Diskussionskultur und zur Wiederbelebung archaischer Konfliktmuster zwischen Einheimischen und Fremden. Wir haben entlang der Integrationsdebatten schon lange keinen republikanischen, aufklärerischen Kompass mehr.

Kann es einen Rückfall hinter die »Dialektik der Aufklärung« der Frankfurter Schule, einen Rückfall hinter die kultursoziologischen Analysen von Dolf Sternberger, der den Begriff vom »Verfassungspatriotismus« prägte, hinter die Theorie des kommunikativen Handelns von Jürgen Habermas, die politische Philosophie von Karl R. Popper oder die Zivilisationsforschung von Norbert Elias geben? Die Debatten um die Integration von Fremden in Deutschland belegen, dass es ihn geben kann. Ohne diese geistesgeschichtlichen Entwürfe, die von den Erfahrungen des 20. Jahrhunderts stark geprägt sind, ist unsere gegenwärtige Welt kaum zu deuten. Sie taucht dann als klinisch verpacktes Vakuum vor uns auf, das wir mehr mit unseren Wunschvorstellungen denn mit unseren Beobachtungen zu füllen versuchen. Welche Ursachen hat aber dieser Rückfall in eine idealistische Weltwahrnehmung?

Die abendländische Zivilisation ist die erste Zivilisation, die ihren Untergang – nach zwei Weltkriegen – überlebt hat. Es gibt diese Aufnahmen vor dem letzten großen Krieg, die unversehrte deutsche Stadtlandschaften zeigen. Gewachsene Städte wie Berlin, Hamburg, Frankfurt am Main, Köln oder München. Es gibt aber auch die Aufnahmen aus dem Sommer 1945, die Häusergerippe, zerbombte Flächen, hie und da einen stehen gebliebenen Kirchturm zeigen. Was bedeutet Harmonie und Kontinuität, wenn man diese Bilder nebeneinanderstellt? Die stille Zerrissenheit eines solchen Augenblicks der Gegenüberstellung braucht keine Gastarbeiter, keine Fremden, keine Einwanderer. Sie wohnt dem deutschen Gedächtnis inne. Man kann diese Zerrissenheit am besten in Autobiografien nachspüren. Die Sehnsucht nach Heimat ist wie eine vergiftete Suppe in jener Zeit des verloren gegangenen Erbes. Sehnsucht aber lässt sich nicht wie eine Suppe wegschütten. Also friert man sie ein und versieht sie mit Etiketten: das fleißige Deutschland, Aufbau, Vorbildland, Deutschland wird zur großen Maschine. Maschinen brauchen Öl, kein Gefühl. Maschinen ist es auch egal, wer sie bedient. Großartig gelingt in den 1960er Jahren diese Integration in die große Maschine, für Einheimische wie für Ausländer. Es gibt wohl kaum ein anderes Land, in dem Begriffe wie Fließband und Überstunden so positiv konnotiert sind wie in Deutschland.

Die Ausländer haben ihre Heimat verlassen, um sich in der Fremde zu verdingen. Aber sind die Deutschen nicht auch heimatlos in diesen Aufbaujahren der Bundesrepublik? Dieser Staat hat keine Geschichte, keine wirklichen Vorbilder, aber zwei große Pragmatiker: Konrad Adenauer und Ludwig Erhard. Und nur einen einzigen Mann, der diesem Staat geistig-moralisch und intellektuell Format geben könnte: Theodor Heuss. Ein heimatverbundener Liberaler, wie es ihn wahrscheinlich nur in Deutschland geben kann, bodenständig und freisinnig zugleich. Dieser neue deutsche Staat muss seine eigene Tradition vorleben. Es gelingt ihm auf eindrucksvolle, aber auch auf tragische Weise. Denn dieses Land wird auf der Illusion eines Schlussstrichs aufgebaut. In die Apparate des neuen Staates wandern zigtausend Mitläufer des untergegangenen Nazireichs, Tausende, die nicht unbelastet sind. Sie bekommen Ämter und Würden. Sie schweigen über sich und die Vergangenheit. Das schweigende Gewissen kann aber nicht ungeschehen machen, was geschehen ist. Es kann lediglich verbergen. Das Aufbaudeutschland wird zu einem klinischen Ort, der die Zeit des Nationalsozialismus wie einen Virus isoliert. Die Deutschen stellen sich selbst unter Quarantäne. So können auch in der Partei von Theodor Heuss, der FDP, ehemalige einflussreiche Nazis nach dem Krieg weiterhin eine nicht geringe politische Rolle spielen. Vorbelastete FDP-Politiker engagierten sich besonders auffällig bei der Amnestierung von in die NS-Zeit verstrickten Personen.

Diese Isolierung der Gefühle konnte auf Dauer nicht Bestand haben. Sie schaffte sich in der zweiten Hälfte der 1960er Jahre eine Befreiung, die mit bohrenden Fragen der Söhne und Töchter einhergeht: Wo wart ihr, als all das passiert ist? Aber die Befreiung hat auch eine gesellschaftspolitische Dimension, die auf die Zukunft gerichtet ist. Sie findet sich in der Formulierung: Mehr Demokratie wagen. Das Land erneuert sich. Die Bundesrepublik Deutschland, mein Deutschland, wurde nicht 1949 gegründet, sondern 1969, mit dem Antritt des Kanzlers Willy Brandt. Mit dem Emigranten Willy Brandt kam jener Teil Deutschlands an die Macht, der während der Naziherrschaft ins Exil gegangen war, jener Teil, der lange angefeindet wurde und kaum eine Chance hatte, geistig und kulturell zurückzukehren.

Genau in dieses sich erneuernde Deutschland bin ich gekommen, in dieses Land, dessen mächtigster Mann in einem fremden Land vor einem Denkmal kniete, dessen Lehrer lange Haare hatten und sich duzen ließen. Im Schulhof hing keine Fahne. Es gab keine Fahnenappelle und patriotische Reden vor und nach dem Unterricht, wie es in der Türkei üblich gewesen war. In Deutschland, so schien mir, gab es mehr Hippies als Deutsche. Woran erkannte man aber die Deutschen? Ich erkannte sie vor allem an der Achtung und Liebe, die mein Vater ihnen entgegenbrachte. Seine Erwartungen an das Deutschsein waren stark geprägt vom positiven Bild der Deutschen in der sich modernisierenden Türkei des vergangenen Jahrhunderts. Die emsigen und korrekten Deutschen wurden nicht selten als vorbildhaft verklärt. Mein Vater war Preuße in seiner Seele, der sich sein ganzes Leben lang in der Türkei fremd gefühlt hatte. Es kam mir vor, als würde mein Vater den Deutschen ihr Deutschsein vorleben. Die akribisch der Länge nach sortierten Stifte auf seinem Schreibtisch, der kleine Koffer, den er für seine Reisen vorbereitete und der aufgrund der raumsparenden Füllung eine außerordentlich große Menge an Sachen aufnahm. Bis heute scheitere ich daran, einen Koffer mit ähnlicher Effizienz zu packen. Irgendetwas ragt immer heraus und lässt mich verzweifeln. Mein Vater, der die jüngste türkische Geschichte überaus kritisch bewertete, sprach nie über die deutsche Vergangenheit. Er klammerte sich an die Kontinuität der deutschen Lebensart, die er bewunderte. Und als überzeugter Antikommunist mochte er Willy Brandt nicht. Ich erinnere mich an seinen grimmigen Gesichtsausdruck, als Brandt 1972 die Wahl gewann. Da ich mich darüber überschwänglich freute, kam es zur ersten politischen Auseinandersetzung mit ihm, der dann viele weitere folgten. Erst der Kanzler Helmut Schmidt konnte meinen Vater mit der deutschen Sozialdemokratie versöhnen.

Aus heutiger Sicht müsste ich sagen, ich kam gar nicht nach Deutschland, jedenfalls nicht in das Land, in dem ich heute lebe. All diese Aufgeregtheiten von heute: Überfremdung. Integrationsunwilligkeit. Parallelgesellschaften. Wenn man diese Begriffe übersetzen wollte in die damalige Zeit, so käme vielleicht autofreier Sonntag, Ölkrise und Baumsterben heraus. Eine Ölkrise haben wir auch heute, sie nennt sich Energiekrise, und wir haben den Klimawandel mit seinen spürbaren Folgen. Doch es scheint so, als hätten wir ein noch größeres Problem. Die sogenannte Integrationsfrage. Ein halbes Jahrhundert nach den ersten Gastarbeitern, die nach Deutschland kamen, ist Deutschland Einwanderungsland geworden. Zumindest offiziell. Was aber bedeutet das? Es bedeutet, dass auch die Deutschen in ihr eigenes Land einwandern müssen, das sich in den letzten fünfzig Jahren stark verändert hat. So wie die Ostdeutschen nach Westdeutschland eingewandert sind, denn nichts anderes war die Wiedervereinigung. Integrationskonzepte aber kümmern sich bislang nur um die Fremden, von denen sich ein Großteil als Fremde im eigenen Land eingerichtet hat. Wo aber steht der Einheimische? Wohin integrieren sich die Fremden, die noch kommen werden? Reicht die Wahrnehmung von Fremdheit aus, um ein Bild von sich selbst zu haben?

Ja, die Suppe ist wieder auf dem Tisch, halb aufgetaut. Die Trümmer der jüngsten deutschen Vergangenheit, die darin schwimmen, sind noch vorhanden. Ist diese Suppe vorzeigbar? Sie wird sich nicht wieder so leicht einfrieren lassen, denn nicht wenige kosten schon von ihr. In ihr wurde die Sehnsucht eingefroren. Die Sehnsucht nach was? Nach einem Land, einem Staat, einer Heimat? Irgendwie nach Geborgenheit und Harmonie, nach Musik, bitte weniger atonal. Nach dem stimmigen Bild. Bei der Integration sollen nicht nur die Fremden in der deutschen Gesellschaft aufgehoben sein, ein Teil der Deutschen möchte auch wieder bei sich selbst zu Hause sein. Doch kann man das, wenn man gegenüber einer Moschee wohnt? Würde man in Deutschland Karl May noch schätzen, hätte man dann weniger Angst vor Moscheen? Karl May war im Vorteil. Er war niemals dort gewesen, wo seine Helden sich herumtrieben. Der ferne Fremde ließ sich problemlos in die Fantasie integrieren. Doch die Fantasie kann auch Neugier entfachen, Neugier, sich in die Ferne zu begeben. Schließlich gibt es noch eine lange Ahnenreihe aus Orientforschern, Schwärmern, Entdeckern. Viele ihrer Erkenntnisse liegen in den Bibliotheken begraben. Die Deutschen haben mehr Orient in sich, als ihnen bewusst ist. In der Ferne lässt sich das Fremde besser erforschen als im eigenen Haus. Zu Hause aber ist man, wenn man einen Fremden bei sich unterbringen kann.

Die massive Zuwanderung nach Deutschland seit den 1960er Jahren hat Deutschland in eine Vielvölkerrepublik verwandelt. Gleichzeitig hat dieser Wandel in der Bevölkerungsstruktur verdrängte Fragen nach nationaler Identität und Zugehörigkeit aufkommen lassen, für deren offene Diskussion aber bislang die Sprache fehlt.

Die Frage der Integration ist also auf Gedeih und Verderb mit der Frage nach dem Deutschsein verknüpft, mit der Krise des deutschen Nationalgefühls, mit einer Frage, die sehr lange nicht mehr gestellt worden ist, weil sie zu sehr schmerzte, weil sie zu viele Albträume hervorrief, weil die Sprache versagte. Wo fühlen sich die Deutschen heute zu Hause? Auf Mallorca? Oder doch wieder mehr im eigenen Land? Vielleicht schauen sie sich ihr Land heute auch genauer an und entdecken dabei immer mehr Fremde, zumindest fremd aussehende Menschen. Warum bekommt uns Deutschland als Vielvölkerrepublik nicht? Warum lassen wir es in hitzig geführten Debatten immer wieder scheitern?

Vielleicht wegen der Sehnsucht, die so lange eingefroren war und seit der Wiedervereinigung wieder auftaut. Es ist ein langsames Auftauen, immer wieder bricht ein Stück ab, und es kracht und spritzt. Immer so viel Aufregung. Von der Suppe will man sich nicht besudeln lassen. Doch eine kleine Kostprobe schadet nicht, oder?

Es gibt wieder diese Sehnsucht, *über sich* sprechen zu wollen. Als lebten wir nicht im Lande der Redseligkeit. Doch Aussprache soll gehalten werden über Dinge, die man bislang nicht so offen öffentlich diskutierte. Schade, dass dabei so wenig über das Eigene gesprochen wurde und wird, über das, was einen ausmacht, woher man kommt, über das eigene Familiengeheimnis. Stattdessen spricht man nur über andere, die man vom Hörensagen kennt, viel zu oft in einer Form, in der man schon einmal über andere gesprochen hatte, bevor man dazu überging, sie zu liquidieren. Auch diese Art der Rede hält man heute für Aufklärung. Ein Reinen-Tisch-Machen, bei dem die Suppe, die die Geschichte auftischt, verschüttet werden wird.

Die Sehnsucht der Völker nach Gemeinschaft und Geborgenheit steht nicht in Zeitungsschlagzeilen, steckt nicht in Tabellen und Statistiken. In der Kunst fährt man die Sehnsucht entlang, um dort anzukommen, wo noch keiner war. Bei Liedern und Wörtern, die plötzlich eine Kraft entfalten, als käme man heim, in ein Märchen, in die eigene Kindheit. Wenn der Weg in die Kindheit blockiert ist, stockt die Kommunikation. Die Sprache ist von ihren Wurzeln abgeschnitten.

Kein Zufall für mich, dass Günter Grass bei seiner Liebeserklärung an die deutsche Sprache bei Grimms Wörtern angekommen ist, bei den »Wortschnüfflern«, die um jeden Buchstaben besorgt sind. Und bei den Märchen, die die Grimm-Brüder sammelten. »Einerseits geben Wörter Sinn, andererseits sind sie tauglich, Unsinn zu stiften. Wörter können heilsam oder verletzend sein.« Vielleicht liegt in diesen knappen Sätzen von Günter Grass der Schlüssel zu jeder Integrationsfrage.

Machen wir doch einen Versuch und schauen uns die letzten zwanzig Jahre an, welche Wörter in Zusammenhang mit der Zuwanderung nach Deutschland verwendet worden sind. Nein, nicht die verletzenden Wörter, nach den heilsamen soll hier gefragt werden. Wir brauchen heilsame Wörter, wenn wir friedlich zusammenleben wollen. Es sind Wörter, die wir mühsam suchen müssen. Wörter wie die Wunderlampe Aladins, die auch dann leuchten, wenn sich Finsternis in der Sprache breitmacht. Kulturbegegnungen werden immer dann fruchtbar, wenn sie Kindheitsbegegnungen sind. Kein Wunder, wenn sich die Sprache der Märchen hier aufdrängt. Doch *Tausendundeine Nacht* und Grimms Märchen sind bislang eher ein verborgener Schatz in der Kulturvermittlung. Dabei haben diese Märchenquellen Generationen von Kindern verschiedener Kulturen begleitet und inspiriert.

Ja, wir, die Deutschen mit ihren unterschiedlichen Konfessionen, Herkünften, Erinnerungen. Wir brauchen keine Einheit. Dieses Wort bringt kein Glück über Deutschland. Das hat keinen metaphysischen Grund, sondern einen ganz praktischen.

In Deutschland gibt es keine Einheit. Es gab und gibt Vielfalt, Vielfalt der Regionen, der Charaktere, der Zungenschläge. Deutsche Einheit 1871 misslang gründlich. Und 1990? Die friedliche Revolution im Osten, die Deutschland wieder vereinigte. Sie war doch ganz anders. Ein Flügelschlag. Wirklich? Oder verdrängen wir nur etwas, was scheinbar am Rande passierte, die Gewaltausbrüche gegen Fremde zum Beispiel, die bislang mindestens 137 Todesopfer gefordert haben? Die »No-Go Areas« in manchen Teilen Deutschlands für Menschen mit farbiger Haut? Das wiedervereinte Deutschland hat auch einen Rhythmus des Angleichens geschaffen, der nicht unbedingt zur ersehnten Harmonie beiträgt, weil er vorhandene Brüche und Unebenheiten zu glätten versucht. Das betrifft nicht nur die unterschiedlichen Lebenserfahrungen von Ost- und Westdeutschen. Es erschwert auch das Akzeptieren eines polyphonen Klangs, der durch die Einwanderung entstanden ist.

Das föderal organisierte Deutschland mit seiner historisch gewachsenen Vielfalt könnte sogar ein Vorbild sein, für den Staat des 21. Jahrhunderts, wenn nicht so viel trübes Wasser des 19. Jahrhunderts von der Suppe überschwappte. Dieser unglückliche Nationalstaat, dieser verspätete Koloss, der im Aufholen an seiner eigenen unbeholfenen Eile zerbrach.

Der Hinterhof der deutschen Identität

Über Thomas Manns Revision des deutschen Kulturbegriffs

Vieles, was Menschen heute als Unübersichtlichkeit und Desintegration, als Dissonanz und Atonalität wahrnehmen, war bereits vor gut einem Jahrhundert spürbar. Offene Gesellschaften sind immer unübersichtlich. Meinungsfreiheit und Vielfalt führen zur Relativierung und ständigen Überprüfung von Positionen. Ende des 19. Jahrhunderts war die deutsche Gesellschaft weder eine offene noch eine, in der die Meinungsfreiheit garantiert war, und sie war von Demokratie und offener Bürgergesellschaft weit entfernt. Aber sie war vereint in einem deutschen Nationalstaat.

Unser Bild dieser Zeit wird heute vor allem von einer Figur, dem *Professor Unrat* des gleichnamigen Romans von Heinrich Mann, geprägt. Mit der späteren Verfilmung, in der Marlene Dietrich und Emil Jannings die Hauptrollen spielten, wurde diese meisterhafte Karikatur der Wilhelminischen Zeit in der Gestalt des »Unrat« zur Abrechnung mit den deutschen Sekundärtugenden, die im Dienste der Tyrannei vor allem Doppelmoral produzieren. In der Karikierung wird aber bereits die Schwäche des Despoten deutlich. Denn zur gleichen Zeit öffnete sich Deutschland nach außen, als Handelsmacht, als Kolonialmacht, als aufstrebende Industrienation und vor allem als Land der Wissenschaft und Forschung. Von Verlust der guten alten Werte und der Traditionen war in zeitgenössischen populären Pamphleten die Rede. Unter der Pickelhaube brodelte es.

Dieser Gang in die unübersichtliche Moderne, der Übergang zur Industriegesellschaft, die Revolutionierung der Produktionsmittel und die neue autonome Rolle des Individuums in der bürgerlichen Gesellschaft, wurde hierzulande dem zivilisatorischen Fortschritt zugeschrieben, von der man sich durch die eigene deutsche Kultur, der eine singuläre Tiefe angedichtet wurde, zu distanzieren versuchte. Tatsächlich gibt es eine solche, heute vor allem im Ausland verehrte deutsche Kultur. Deutschland ist das Land der verklärten Romantik und einer rauschhaften Musik. Aber es ist auch das Land, in dem die besten Maschinen gebaut werden. Jene Maschinen, die die deutsche Wiedergeburt nach 1945 ermöglichen sollten.

Die Moderne spaltete Deutschland tief. Das dunkle Gemüt auf der einen, die technologischen Errungenschaften auf der anderen Seite. Die Aufklärung mündete nicht in einen Umsturz der Herrschaftsverhältnisse, wie beispielsweise in Frankreich oder in den USA, sondern in eine Spaltung des Bewusstseins. Eine Kultur der Moderne etablierte sich nur langsam. Stattdessen verwies der Begriff Kultur vor allem auf eine bedrohte Tradition. Kultur, ein Begriff, der heute wieder inflationär verwendet wird, vor allem, wenn es darum geht, sich selbst von anderen zu unterscheiden, wurde in einen Gegensatz zur »westlichen« Zivilisation gebracht. Der Parlamentarismus, die demokratische Redekultur, der öffentliche Streit waren vielen Würdenträgern der »deutschen« Kultur unheimlich. Das rationale Menschenbild der Industriegesellschaft erschien unvereinbar mit dem »deutschen« Helden aus Wagners Opern. Kein Geringerer als Thomas Mann hat sich mit diesen Themen intensiv beschäftigt. In seinen Notaten zu *Geist und Kunst* und seinen *Betrachtungen eines Unpolitischen* entwarf er ein Manifest des Deutschseins, das sich klar und deutlich vom westlichen Zivilisationsmodell distanziert. Es ist bemerkenswert, dass der Begriff der Zivilisation in den Integrationsdebatten unserer Tage kaum auftaucht, während immer wieder von deutscher »Leitkultur« die Rede ist. Erstaunlich aber ist es nicht.

Während im 19. Jahrhundert die Briten ihr Weltreich aufbauten und die industrielle Revolution in Gang setzten, wurde der Kulturbegriff in Deutschland zu einem Auffangbecken für die fehlende staatliche Einheit und die schleppend anlaufende Modernisierung der deutschen Länder. Aber erst nach der Vollendung der ersten deutschen Einheit 1871 fielen die Begriffe Kultur und Zivilisation auseinander. Trotz seiner autoritären Herrschaftsstruktur schuf das Wilhelminische Reich in Deutschland neue moderne Lebensverhältnisse durch eine forcierte Industrialisierung und schnelle Verstädterung. Von 1870 bis 1900 verdoppelte sich beispielsweise die Einwohnerzahl Berlins. In dieser Phase wurden auch Einwanderer, vor allem aus Polen, aufgenommen und assimiliert. Der Emanzipation der Juden folgte ihre gegen viele Widerstände sich vollziehende Aufnahme in die deutsche Gesellschaft.

Sehr bald, schon in den achtziger Jahren des 19. Jahrhunderts, formte sich aber ein zivilisationskritischer, kulturalistischer Impuls, der sich sowohl gegen die neuen Lebensverhältnisse als auch gegen die Aufnahme der Juden in die deutsche Gesellschaft richtete. Die als »Berliner Antisemitismusstreit« in die Geschichtsbücher eingegangene Auseinandersetzung kreiste um die Frage der deutschen nationalen Identität. Jedoch nicht nur. Es ging auch um ein Verzagen an der Moderne, um eine Suche nach dem spezifisch deutschen Element in der Kultur, das durch die Modernisierung und vor allem auch durch die Vermischung der Deutschen mit anderen verloren zu gehen drohte. In Heinrich von Treitschkes Streitschrift *Unsere Aussichten* aus dem Jahr 1879 war vom »erwachten Gewissen des Volkes« die Rede, das sich »vornehmlich gegen die weichliche Philanthropie unseres Zeitalters« wendet.

Der »Gutmensch«, ein beliebtes Unwort unserer Tage, hatte also einen Vorläufer: den liberalen Philanthropen, der an die Macht der Bildung und den zivilisatorischen Fortschritt glaubt. Gegen diesen »Gutmenschen« positionierte sich eine um die Zukunft des deutschen Volkes besorgte Elite, die vor allem mit zwei Begriffen operierte, dem Begriff des Volkes und dem der Kultur. War Heinrich von Treitschke für so manchen Zeitgenossen, der sich heute um die Zukunft des deutschen Volkes Sorgen macht, der Ghostwriter?

Wenn unsere aktuellen Debatten um Einwanderung, Integration und deutsche Identität so sehr an Einwürfe aus dem ausgehenden 19. Jahrhundert erinnern, so sind gewiss einige Fragen zu stellen, die bislang, wenn überhaupt, nur am Rande gestellt werden. Denn Geschichte ist wie ein Filter, durch den man schauen muss, um sich selbst zu erkennen. Für die Deutschen dauerte das 20. Jahrhundert lange, von 1871 bis 1991. Es war ein Jahrhundert der Brüche, mit fünf Staatsgründungen, vier Staatsuntergängen, zwei Weltkriegen, Millionen von Kriegstoten, den Opfern der nationalsozialistischen Verbrechen, den Opfern der Vertreibungen und des Bombenkriegs in den Städten. Das alles ist bekannt. Bekannt ist auch, dass die Geschichte aus der Sicht der Deutschen eine glückliche Wendung genommen hat mit dem Wiederaufbau Westdeutschlands und mit der Etablierung der ersten gelebten deutschen Demokratie und der friedlich verlaufenen Wiedervereinigung.

Doch welche Auswirkungen hatten diese Ereignisse auf die Deutschen und ihr Selbstverständnis? Wie artikuliert sich heute das deutsche Nationalgefühl? Noch in den 1970er Jahren waren in den deutschen Städten Kriegsruinen zu sehen, an den Mauern mancher Gebäude sah man Einschusslöcher. Doch die Trümmer in den Seelen ihrer Bewohner blieben unsichtbar. Die Menschen übten sich in Zurückhaltung und einer förmlichen Höflichkeit gegenüber Fremden. So als wollten sie jedes tiefer gehende Gespräch vermeiden, das Fragen aufwerfen könnte. Diese Fragen wurden erst von der nachfolgenden Generation gestellt, und sie richteten sich an die schweigenden Eltern. Doch aus dieser Schuldperspektive allein waren die verdrängten Facetten der deutschen Identität nicht aufzudecken.

Schuld ist kein Thema, das man wie ein Geschichtskapitel abhandeln kann, sondern ist ein Teil der Persönlichkeit. Sie verändert den Menschen, unabhängig davon, ob sie angenommen, verdrängt, ausgesprochen oder verschwiegen wird. In Deutschland wurde Schuld zu einem Thema, das in der Öffentlichkeit als mediales Ereignis inszeniert wurde. Die Anerkennung der deutschen Schuld – nicht als Kollektivschuld, sondern als Erbe – wird in Deutschland inzwischen als Staatsräson betrachtet und verfügt über eine eigene Sprache. Diese öffentliche Schuldsprache aber steht dem Schweigen im Inneren ihrer Hörer und Betrachter gegenüber. Die vorbildhafte Aufarbeitung der deutschen Vergangenheit konnte das Schweigen, die Verstörung des Einzelnen, seiner Persönlichkeit und seiner seelischen Verfassung, weder aufheben noch ersetzen.

In keinem Land ist Geschichte so kompromisslos aufgearbeitet worden wie in Deutschland. Doch diese Aufarbeitung konzentrierte sich vor allem auf die schrecklichen Ereignisse während der nationalsozialistischen Herrschaft und auf ihre Folgen. Die Forschung über die NS-Zeit füllt Bibliotheken. Die Prämissen der deutschen Katastrophe wurden weitaus weniger beachtet. Wie wurden die deutsche Identität und das deutsche Nationalbewusstsein nach der ersten Einheit 1871 konstruiert? Wie wurden damals die Grenzen zwischen dem Eigenen und dem Fremden gezogen?

Es ist offensichtlich, dass seit der Wiedervereinigung Deutschlands 1990 wieder Antworten auf diese Fragen gesucht werden. Doch ähnlich wie nach 1871 wird nicht danach gesucht, was das Eigene ausmacht. Antworten auf die Fragen werden stets über einen Umweg gesucht, in dem es um die Distanzierung von anderen geht. Die Andersartigkeit von osteuropäischen Juden gestern und nahöstlichen Muslimen heute steht im Mittelpunkt einer deutschen Identitätsdebatte, die inzwischen die deutsch-deutsche Teilung als Thema verdrängt hat.

Die Differenzierung zwischen den »guten« assimilierten Juden und dem fremden jüdischen Stamm, der vom Osten ins Reich einwanderte, wurde auch von deutschen Juden wie Walter Rathenau vorgenommen:

»Seltsame Vision! Inmitten deutschen Lebens ein abgesondert fremdartiger Menschenstamm, glänzend und auffällig staffiert, von heißblütig beweglichem Gebaren. Auf märkischem Sand eine asiatische Horde.« Diese Beschreibung Rathenaus in seinem Pamphlet *Höre Israel!* aus dem Jahr 1897 liest sich heute nicht wie eine Darstellung aus ferner Vergangenheit. Die Typisierung des nicht assimilierten Juden in Rathenaus Text folgt dem gleichen zeitlosen, instinktiven Blick, der heute die Fremden betrachtet, die sich in den Metropolen Europas niedergelassen haben. Wenn heute Begriffe wie Migration oder Integration fallen, denkt niemand mehr an eine Mittelklassefamilie mit zwei Kindern. Allmächtig sind die Bilder von verwahrlosten Stadtteilen, gewalttätigen Jugendlichen ohne Arbeit, zwangsverheirateten, eingesperrten Frauen. Und tatsächlich gibt es dies ja alles auch. Es ist aber nur ein Teil des Bildes, der den Rest längst aus dem Rahmen gedrängt hat.

Bei von Treitschke klingen aber darüber hinaus Zukunftsängste an, die verraten, dass es bei der jüdischen Einwanderung nicht um ein Misslingen der Integration geht, sondern um deren Ehrgeiz und den Aufstiegswillen, der die Position der Einheimischen gefährdet: »... über unsere Ostgrenze aber dringt Jahr für Jahr aus der unerschöpflichen polnischen Wiege eine Schaar strebsamer hosenverkaufender Jünglinge herein, deren Kinder und Kindeskinder dereinst Deutschlands Börsen und Zeitungen beherrschen sollen, die Einwanderung wächst zusehends, und immer ernster wird die Frage, wie wir dies fremde Volksthum mit dem unseren verschmelzen können.« An anderer Stelle schreibt er: »Auf deutschem Boden ist für eine Doppel-Nationalität kein Raum.«

Identitätsdebatten aus dem Deutschen Reich 1871 bis 1914 sind heute kaum noch in Erinnerung. Doch sie weisen im Duktus, in der Sprache und in den formulierten Ängsten und Sehnsüchten eine frappierende Nähe zu unserer Gegenwart auf. Nicht gerade überraschend ist, dass diese Debatten um nationale Identität immer wieder in eine Zeit der starken Verunsicherung fallen, nicht selten begleitet von heftigen Wirtschaftskrisen. Die Zukunftsängste sind in unseren Tagen durch die sich ankündigende Klimakatastrophe und die negative demografische Entwicklung noch größer als Ende des 19. Jahrhunderts.

Die Geschwindigkeit der Globalisierung hat inzwischen ganz andere Dimensionen erreicht.

Ein Unbehagen zieht sich wie ein roter Faden durch die Konstruktionen deutscher nationaler Identität, vom Wilhelminischen Reich bis in unsere Tage. Zwischen Heimat, Abstammung und kultureller Zugehörigkeit wird in Deutschland oft eine unzertrennliche Verbindung hergestellt. Dieser Identitätskreislauf nährt die Idee der Volksgemeinschaft, die instinktiv empfindet und handelt und unerreichbar für rationale Argumentation ist. Deshalb fehlt dem viel zitierten Verfassungspatriotismus in Deutschland eine emotionale Grundlage, und es scheint an der Zivilisationsgrenze der »deutschen« Kultur immer Auflösung zu drohen. So, wie die Volksgemeinschaft nicht in der Nation aufgehen kann, ohne sich selbst aufzugeben. Auch heute noch ist es üblich, vom deutschen Volk zu sprechen. »Deutsche Nation« aber klingt wie ein Neologismus.

In Zeiten der Erneuerung finden deutsche Krisen ihren Ursprung im Misslingen des Erhaltens und sind daher immer Krisen des Konservativen. Deutschland hat ein Traditionsproblem, das von Brüchen herrührt, die andere Länder so nicht erlebt haben. Den Franzosen gibt die Republik Rückhalt, die in der Gestalt des Präsidenten »royale« Züge trägt. In Großbritannien wird vom Königshaus bis zum Unterhaus die Tradition stark formalisiert. Da kann nebenan die Börse toben, den Briten bleibt etwas Beständiges, das die Geschichte überdauert hat.

Kann es so etwas wie ein gebrochenes Nationalgefühl geben, ein Bekenntnis zu den Brüchen in der eigenen Geschichte, das stark macht und nicht zu Komplexen und zur Selbstnegierung führt? Diese Frage stellt sich dem wiedervereinten Deutschland mehr denn je. Hie und da leuchtet ein leichter, ironischer Umgang mit den Symbolen deutscher Identität auf, ein Schnuller in Schwarz-Rot-Gold beispielsweise, den eine von der Fußballnationalmannschaft begeisterte Mutter ihrem Kind in den Mund steckt. In Deutschland ist der Umgang mit nationalen Symbolen nach wie vor verkrampft. Es könnte Hoffnung aufkommen, dass diese gebrochene Identität keinen schweren, sondern einen luftigen Gemütszustand hervorruft, der Durchlässigkeit und Transformation erlaubt. Eigentlich eine gute Grundlage für ein Einwanderungsland und einen spielerischen Umgang mit Identitätsvielfalt, wenn das eigene Zuhause viele Eingänge hat. Das »Gebrochen Deutsch« könnte sich mit Zivilisationsentwürfen besser vertragen als jede Fantasie von einer homogenen Volksgemeinschaft, deren Kultur sich durch andere permanent bedroht fühlt. Kulturen drohen sich meistens selbst. Selten kann eine Einwirkung von außen jene Kraft entfalten, die Elemente der Selbstzerstörung enthalten. Die Kultivierung der Angst gegenüber fremden Symbolen und gegenüber der Intimität mit den anderen aber spricht eine andere Sprache. Sie deutet darauf hin, dass die Versöhnung des Kulturbegriffs mit dem Begriff der Zivilisation in Deutschland noch aussteht. Und für eine solche Versöhnung gibt es durchaus Vorbilder, an die wir allerdings erst wieder erinnert werden müssten.

Allen voran der Weg Thomas Manns, der aus dem deutschnational empfindenden Romancier einen deutschen Weltbürger gemacht hat. Dieser Weg war nicht ohne Widersprüche und orientierte sich zunächst an der Niederlage 1918 und an der daraus folgenden äußerst umstrittenen Existenz der ersten deutschen Republik. Mann versuchte schon 1922 in seiner Berliner Rede *Von deutscher Republik* seine demokratiefeindliche Position aus dem Krieg zu revidieren und eine republikanische Position einzunehmen. Doch nicht das neue Rechtssystem, der Parlamentarismus, der Parteienstaat oder das Wahlrecht interessierten ihn. Seine ganze Aufmerksamkeit galt zunächst der Idee des Staates – eines Staates, der durch Einheit von Staat und Kultur mit Deutschem herrlich erfüllt zu werden versprach. Denn das Nationale blieb in seinem Denken zunächst »weit mächtiger und lebensbestimmender« als der »staatsrechtliche Buchstabe«. Der politischen Welt musste sich das durch seine Innerlichkeit und seinen Subjektivismus geprägte »deutsche Wesen« erst mühsam öffnen. Die Entwicklung in Manns Denken vom Ersten Weltkrieg bis zur Nachkriegszeit 1945 begleitet die deutsche Katastrophe und kommentiert sie in unmissverständlicher Art und Weise. Mit der Anlehnung an einen anderen großen deutschen Dichter, an Goethe nämlich, etabliert Mann schließlich eine deutsche Gegenkultur, die nicht mehr zivilisationsfeindlich, sondern liberal und weltoffen ist. In seinem ersten vollständig im Exil geschriebenen Roman, *Lotte in Weimar*, lässt er seine Goethe-Figur programmatisch verkünden: »Sie meinen, sie sind Deutschland, aber ich bins, und gings zugrunde mit Stumpf und Stiel, es dauerte in mir.«

Es hat durchaus reizvolle Züge, den Kulturbegriff dunkel und musisch zu definieren. So werden Schichten im menschlichen Bewusstsein angesprochen, die verschlüsselt sind, verborgen vor fremden Augen. Das kollektive Unterbewusste bekommt eine Reflexionsfläche. Zugehörigkeit wird mehr als zu einer Papiersache, sie wird verschlüsselt; Heimat wird geschaffen, die nicht territorial, sondern geistig definiert und empfunden werden kann. Bis zur staatlichen Vereinigung im Deutschen Reich definierte sich Deutschsein durch Sprache und Kultur. Doch die Sprache wurde durch den Aufklärer Kant und den Weltliteraten Goethe geöffnet. Sie wurde zur Plattform universaler Gedanken und allgemeinmenschlicher Gefühle. Die deutsche Romantik hat versucht, diese Öffnung wieder rückgängig zu machen, in dem sie das Mittelalter und den katholischen Glauben als Referenzquelle nahm. Doch die Sprache hatte sich längst in einen neuzeitlichen Kontext bewegt. Sie ließ sich nur bedingt als »Geheimsprache« der Gemeinschaft restaurieren.

Und nicht zufällig wurde die Musik zur deutschen Ursprache. Sie wurde im 19. Jahrhundert zur Königin unter den Künsten erkoren. Ihr am nächsten stand die Poesie. Kunstwerke erinnern den Menschen daran, dass er nicht nur ein Vernunftwesen ist. Kunstwerke sind keine Schöpfungen des rationalen, sondern eines widersprüchlichen Wesens, das auch die dunklen Tiefenschichten seines Bewusstseins zu begreifen versucht. Doch was für Kunstwerke gilt, nämlich ein Widerstreit zwischen den dunklen Kräften der Seele und der hellen Sprache der Vernunft, führt im Politischen zum Bürgerkrieg zwischen barbarischen und zivilisatorischen Kräften.

Die Erschaffung der deutschen kulturellen Identität aus dem Geiste der Musik, dieser im Sinne Richard Wagners rauschhaften Kunstform, diesem bewusst unpolitischen Gegenentwurf zur bürgerlichen Kultur einer Verfassungsrepublik, übt nach wie vor Faszination aus, vor allem auf Touristen, die durch die schönen deutschen Landschaften mit ihren zahlreichen Burgen und Schlössern reisen. Sie stellt aber keine Grundlage für ein demokratisches Gemeinwesen dar. Nicht in Weimarer Tagen und schon gar nicht für ein Zusammenleben in atonalen Zeiten. Der deutsche Kulturbegriff ist als Selbstgespräch aufgebaut, nicht missionarisch nach außen, eher als Sperrbezirk mit ungewisser Tiefe, ein Labyrinth für Unbefugte. Was aber passiert, wenn sich Unbefugte in dieses Labyrinth begeben? Wird die Nähe des Fremden – er ist ja nicht nur räumlich wahrnehmbar, sondern auch geistig – ertragen? Ob Deutschland Fremden Heimat bieten kann, ist auch mit dieser Frage verbunden. Der in der deutschen Kultur Assimilierte ist in vielen Fällen ein gespaltener Fremder, der sich in sein eigenes Haus eingeschlichen hat. Im dunklen Keller des Hauses kennt er sich wohl aus. Er berührt die seelischen Dimensionen deutscher Identität, lässt die mythischen Gestalten auf sich wirken, hört die atmosphärischen Klänge des Deutschseins. Doch werden die Kräfte, die dort unter der Oberfläche wirken, ihn akzeptieren?

Während literarische Formen wie der bürgerliche Roman sich dem politischen Denken andienen, bleibt die Musik, allen voran die Musik Wagners, ein Refugium des kulturellen Selbstverständnisses der Deutschen. In der Musik spürt man die Unantastbarkeit der deutschen Identität, die jedoch vom gesellschaftlichen Entwicklungsprozess dauerhaft gefährdet zu sein scheint.

Thomas Mann, der in seinen *Betrachtungen eines Unpolitischen* einen solchen »Geheimnis versprechenden« deutschen Kulturbegriff etablierte, der seine Ursprünge vor allem bei Nietzsche und Wagner findet, hat diesen, in den Wirren des Ersten Weltkrieges nationalistisch aufgeladenen, Kulturbegriff später einer grundlegenden Kritik unterzogen. Diese Kritik ist auch heute noch wegweisend. Die republikanische Gesinnung des Schriftstellers ging mit der Öffnung des deutschen Kulturbegriffs gegenüber zivilisatorischen Werten wie Freiheit, Demokratie und Menschenrechten einher, um sich später gegen die Barbarei des Nationalsozialismus zu positionieren. Das Scheitern der Weimarer Republik hat auch damit zu tun, dass die innere geistige Auseinandersetzung wie die Thomas Manns keine gesellschaftliche Korrespondenz fand und sich erst in der Emigration als Gegenkraft zum Nationalsozialismus entfaltete.

Nach 1945 wurde in Westdeutschland zwar eine erfolgreiche, geradezu vorbildliche Demokratie aufgebaut, doch die Westbindung des neuen deutschen Staates wurde vor allem als NATO-Mitgliedschaft und als Teilhabe an der amerikanisch dominierten Konsumkultur verstanden. Bis in die 1960er Jahre wurde die Nazizeit wie eine unbedeutende Episode in der deutschen Geschichte behandelt. Die Verstrickung vieler Amts- und Würden-

träger der jungen deutschen Demokratie in die natio-
nalsozialistische Ideologie wurde kaum thematisiert.
Die biedere und zugleich ehrgeizige Atmosphäre dieser
Zeit ist oft beschrieben worden. Die Wunden jedoch, die
der Krieg und die Schuldfrage dem deutschen Selbstverständnis zugefügt hatten, blieben unbehandelt. Hatte
das Deutschsein geistige Fundamente, auf die sich die Demokratie stützen konnte? Die Wegstrecke, die Thomas
Mann in der Auseinandersetzung mit dem Begriff der
deutschen Kultur und Identität vom Ersten Weltkrieg an
bis zur Nachkriegszeit zurückgelegt hatte, fand weder in
der Bundesrepublik noch in der DDR eine Entsprechung.
Der Gegensatz zwischen dem deutschen Kulturbegriff
und dem universellen Zivilisationsbegriff wurde, wenn
überhaupt, nur zu einer akademischen Frage. Dabei hat
dieser Gegensatz erhebliche gesellschaftliche und politische Konsequenzen. Vor allem für das Selbstverständnis
der Deutschen. Auch und gerade heute.

In der folgenden Zeit des Kalten Krieges wurde die
Zivilisationsfrage von der Sicherheitsfrage verdrängt,
die Westbindung zu einer militärischen Angelegenheit.
Dabei blieben die kulturellen Aspekte im Hintergrund.
Eigentlich waren die Deutschen auch glücklich darüber,
sich nicht mit ihrer Identität beschäftigen zu müssen.
Der Erfolg ihrer neuen Währung, der Deutschen Mark,
schuf einen neuen, unbelasteten deutschen National-
mythos.

Thomas Mann, der Exilant, ist nicht nach Deutschland zurückgekehrt. Viele, die aus dem Exil zurückka-
men, wurden in den beiden deutschen Staaten, vor allem

aber in der Bundesrepublik, nicht mehr heimisch. Eine junge Generation von Kulturschaffenden, die während der Kriegszeit an der Front gewesen war und, wie sich viel später herausstellte, nicht immer Distanz zum Naziregime gehalten hatte, übernahm die anspruchsvolle Aufgabe, nach dem Zivilisationsbruch der Nazis, wieder zur Sprache zu finden. Sie übte sich in emotionaler Zurückhaltung, die sich durch eine Skepsis gegenüber jeglichem Pathos ausdrückte. Diese Sprachfindung beruhte spätestens seit den 1960er Jahren auf einer radikalen Sprachkritik.

Dichter ohne Lieder

Ein Exkurs in die deutsche Nachkriegslyrik

»Dichter sind in Verruf geraten. Gedichte erregen Misstrauen. Es besteht Verdacht, dass Dichter und Gedichte den Nebel miterzeugen, der das Reale der Wahrnehmung entzieht«, schreibt der Literaturkritiker Heinrich Vormweg in seinem Vorwort zu den *Gesammelten Gedichten* von Günter Grass, veröffentlicht im Jahr 1971. Misstrauen gegenüber der lyrischen Sprache, vor allem gegenüber der Metaphernsprache der Dichtung, sollte in den 1970er Jahren, als ich anfing, Gedichte zu schreiben, fast die gesamte lyrische Produktion überschatten. Man könnte es auch neutraler formulieren: begleiten.

Ein Gedicht
Hier steht ein Gedicht ohne einen Helden.
In diesem Gedicht gibts keine Bäume. Kein Zimmer
zum Hineingehen und Schlafen ist hier in dem
Gedicht. Keine Farbe kannst du in diesem

Gedicht hier sehen. Keine Gefühle sind
in dem Gedicht …
ROLF DIETER BRINKMANN,
AUS: WESTWÄRTS 1 & 2, GEDICHTE, 1975

Brinkmann war ein herausragender Autor in den Siebzigern. Seine Übersetzungen amerikanischer Beatnik-Poesie waren durchaus epochal und beeinflussten meine Zeitgenossen, das heißt alle, die damals anfingen, Gedichte zu machen – man schrieb damals keine Gedichte, man machte sie. In den 1970er Jahren schien Deutschland ganz im Westen angekommen, nicht nur politisch, sondern auch kulturell. Aber war dieses Deutschland im Westen nicht seltsam abgetrennt von seinen kulturellen Grundlagen, von den Tiefenschichten seiner Kultur? Mir fiel auf, dass dieses Land mit seinem kulturellen Gedächtnis nicht mehr kommunizierte.

Ich wollte keine Gedichte machen. Ich spürte, dass hinter der Gefühlskälte gegenüber dem Gedicht mehr steckte als nur eine tagespolitisch korrekte Haltung. Es handelte sich dabei nicht nur um eine Auflehnung gegen die verbrauchte Sprache des Establishments, der verlogenen politischen Ordnung, nicht nur um ein Misstrauen gegenüber der Sprache der »Bewusstseinsindustrie«, wie es im Jargon der Zeit hieß. Hinter der Kritik an den Herrschaftsverhältnissen, die man rational zu formulieren und scheinbar objektiv zu analysieren vermochte, verbarg sich eine Unordnung des emotionalen Haushalts, eine Krise der kommunikativen Energien, die von der Sprache nicht mehr erreicht werden konnte. Wie wenig tauglich die poetische Sprache als ein Instrument der unverblümten Gesellschaftskritik war, verdeutlicht die Tatsache, dass von der Lyrik jener bewegten Zeit kaum etwas im Gedächtnis geblieben ist. Doch die politisch korrekte ablehnende Haltung gegenüber einer als bürgerlich verschrienen internationalen Lyriksprache, die Sprach- und Kulturgrenzen überspringende Strömungen wie den Surrealismus oder den deutschen Expressionismus hervorgebracht hatte, aber auch mehr oder weniger umstrittene Einzelgänger wie Rainer Maria Rilke und Stephan George, allesamt hervorgetreten in der Vorkriegszeit, verdeckte einen bedeutsamen Sachverhalt, nämlich das gestörte Verhältnis gegenüber den emotionalen Kapazitäten der deutschen Sprache.

Viele Wörter waren außer Atem oder lagen gar in Leichentüchern. Die deutsche Sprache war von den Nazis missbraucht worden. Sie war mit Schuld beladen. Schwerer aber als der problematisch gewordene Gebrauch einzelner Wörter, wie Heil, Blut, Volk, war der befleckte Bedeutungshof, der ganze Bereiche des Gefühlshaushaltes verdunkelte. Die deutsche Sprache hatte plötzlich keine Lieder mehr. Mit den Liedern aber stirbt auch das Gedicht.

Die literarische, vor allem lyrische Krise der Generation von ʼ68 war wahrscheinlich unvermeidbar gewesen. Wichtige gesellschaftliche Auseinandersetzungen standen an und politisierten das Bewusstsein, sie schufen eine theoretische Sprache, die der größte Feind der Poesie ist. Die Krise war aber auch eine Flucht aus der Verantwortung, aus der Verantwortung des Menschen für seine Gefühle, für die geheimnisvolle Höhle in seinem Inneren. An dieser Verantwortung waren die Generationen zuvor gescheitert. Dieses Scheitern hatte dem Deutschsein Wunden geschlagen, die vernarbten, ohne wirklich zu heilen. Die Vaterfiguren der Achtundsechziger strahlten eine eiserne Kälte aus, eine Stahlhelmkälte sozusagen. Sie hatten ihre Gefühle einem Regime übertragen, das sie missbrauchte. Der Gefühlshaushalt des Menschen wurde nicht nur instrumentalisiert und im bösen Sinne korrumpiert, er wurde auch bis zur Erschöpfung abgetragen. Vielleicht verbirgt sich genau in diesem Zustand der Leere das Geheimnis der ungeheuren wirtschaftlichen Aufbauleistung der Nachkriegsjahre in Deutschland. Man hatte weder Zeit noch Muße, sich mit seinen Gefühlen auseinanderzusetzen. Wie gut, dass es solche persönlichen Gefühle scheinbar nicht gab.

Der Gefühlshaushalt der Nachkommen war widersprüchlich. Hinter der Fassade der Distanzierung gegenüber bildhafter Sprache und der Ablehnung poetischer Mittel steckte brennendes Interesse für das Sinnliche, für das Namenlose, für die verdunkelte Landschaft im Inneren. Rockmusik und Drogenkonsum wurden zu Chiffren der Befreiung aus den Fesseln des Alltags. Sollte das Gedicht nicht gerade diesen Widerspruch aufgreifen und sich in diese Landschaft hineinwagen? Tiefer gehen, als die Popkultur zu gehen imstande war? Nicht der Landvermessung wegen, sondern um den Menschen wieder dort zu orten, wo er am intimsten ist, dort, wo seine Ängste und Sehnsüchte, seine Zweifel und Träume lagern. Dort, wo der Mensch am verlorensten ist, wo er sich selbst überlassen zu sein scheint.

In diesen Jahren wuchs ich in Deutschland auf. Ich fühlte mich nicht als Außenseiter, weil ich ein Ausländer in Deutschland war. Das war damals kaum ein Thema. Jedenfalls nicht für mich. Ich fühlte mich als Außenseiter, weil ich von einer anderen Sprache kam. Einer Sprache, die den Emotionen ungebrochen gegenübertrat, die mit ihnen kommunizierte. Wenn ich Gedichte in dieser anderen Sprache, dem Türkischen, las, bewegte ich mich nach draußen und wurde von innen her bewegt. Ich verließ die Landessprache, nicht aber die Landesstimmung. Im Gegenteil: Ich nahm sie schärfer wahr. Die türkische Sprache wurde zu meinem Korrektiv. Das Mutterland Türkei hatte ich verlassen, doch das Spiegelland Türkei, in dem die deutschen Verhältnisse immer wieder auf den Kopf gestellt wurden, sollte mir erhalten bleiben. Diese Spiegelverkehrung war wichtig, ja unverzichtbar für die Entwicklung meiner literarischen Sprache und bildet letztendlich die Grundlage meiner Zweisprachigkeit. Ich schrieb auf Deutsch, aber mit türkischen Farbklängen im Ohr, so wie die Dichter der türkischen Moderne auf Türkisch geschrieben hatten, nicht selten mit französischen Farbklängen in den Ohren.

Von diesen türkischen Gedichten aus verzweigten sich viele Pfade in unterschiedliche Richtungen: zu den französischen Symbolisten und Surrealisten, zu den Futuristen des revolutionären Russland, zu der Lyrik der 27er-Generation in Spanien, zu Dichtern wie Federico García Lorca und Rafael Alberti. Nâzim Hikmet reichte Pablo Neruda die Hand. In diesen Gedichten der modernen Türkei versteckten sich auch die Traditionen des Orients, die großen Linien der persischen und arabischen Poesie, deren Klangmuster und Bilderwelten. Mit den mystischen Gesängen des mittelalterlichen anatolischen Sufi Yunus Emre war ich aufgewachsen. Emres Dichtung, karg und euphorisch zugleich, verdeutlichte mir, dass es keine Grenzen für die Sprache gibt, wenn man sich auf das Wesentliche konzentriert. Auch der Koran, aus dem mein Vater jeden Freitag laut vorlas, war ein Gesang. Die Worte des heiligen Buches waren fremd und geheimnisvoll, klangen mitunter bedrohlich. Der Singsang aber machte sie weich, ließ sie an meinem Ohr vorüberströmen wie ein Wiegenlied. Am Anfang meiner eigenen Dichtung stand das Hörerlebnis, das Einhören in fremde Sprachen, das sinnliche Erlebnis von Sprache, wenn der Klang die Worte verwandelt, so dass die fremdesten unter ihnen zu Vertrauten werden. Auch war ich fasziniert von Metaphern. Die Dichter konnten mit den Worten malen. Sie konnten mit den Augen denken. Ich war fasziniert von der Dichtung des Ostens, von Dichtern wie Hafis und Rumi, den Liebesentflammten, zu denen ich wahrscheinlich keinen Zugang gehabt hätte, wären da nicht die Dichter der türkischen Moderne wie Nâzim Hikmet, Asaf Hâlet und Behçet Necatigil gewesen, die die Mauern zwischen Ost und West durchsichtig machten. Eigentlich ist die Durchlässigkeit dieser mentalen, von Projektionen hochgezogenen Mauer eine wichtige Voraussetzung der Moderne. Diese Durchlässigkeit ist im Schaffen Nietzsches ebenso vorzufinden wie bei Rilke oder Rimbaud. Und natürlich vorweggenommen in Goethes *Diwan*.

Ja, es gab sie: die internationale Sprache der Weltdichtung. Was so hochtrabend, ja fast ideologisch vermessen klingt, war tatsächlich nichts anderes als die Muttersprache des verdunkelten Innenlandes, das zu betreten in

Deutschland man sich nicht mehr traute. Mit bedeutenden Ausnahmen selbstverständlich.

Zu diesen Ausnahmen zählte ein Dichter, der längst endgültig verstummt war, als ich meine ersten poetischen Gehversuche unternahm: Paul Celan. Die Rezeptionsgeschichte von Celans Poesie in Deutschland ist besonders bemerkenswert. Vermittelt durch die Freundin Ingeborg Bachmann, stieß er zur Gruppe 47. 1952 las er in Niendorf unter anderem seine *Todesfuge* und wurde, milde formuliert, zwiespältig aufgenommen. So mancher empfand den Ton Celans als pathetisch und sentimental. Der Auftritt des Dichters scheiterte keineswegs. Doch er wurde von seltsamen Begleiterscheinungen verzerrt. Celan schreibt unmittelbar nach der Tagung am 31. Mai 1952 an seine Frau Gisèle:

»Jedes Mal, wenn ich an dieses Dorf an der Ostsee denke, habe ich den Eindruck, als käme ich vom Ende der Welt zurück.

Es war wirklich alles sehr seltsam. ...

In Niendorf Empfang mit Missverständnissen. Frau Richter hielt mich für einen Franzosen und machte mir zunächst einmal Komplimente über mein so perfektes Deutsch. ...

Etwa 50 Personen saßen in der großen Halle des Hotels, in dem wir wohnten, in tiefen Sesseln – das alles erweckte den Eindruck einer Versammlung von Leuten, die sich bürgerlich mit einer Welt ausgesöhnt hatten, deren Erschütterungen sie immerhin zu spüren bekommen hatten. Nun ja.

Um neun Uhr abends war die Reihe an mir. Ich habe laut gelesen, ich hatte den Eindruck, über diese Köpfe hinaus – die selten wohlmeinend waren – einen Raum zu erreichen, in dem die ›Stimmen der Stille‹ noch vernommen wurden. …

Die Wirkung war eindeutig. Aber Hans Werner Richter, der Chef der Gruppe, Initiator eines Realismus, der nicht einmal erste Wahl ist, lehnte sich auf. Diese Stimme, im vorliegenden Falle die meine, die nicht wie die der anderen durch die Wörter hindurchglitt, sondern oft in einer Meditation bei ihnen verweilte, an der ich gar nicht anders konnte, als voll und von ganzem Herzen daran teilzunehmen – diese Stimme mußte angefochten werden, damit die Ohren der Zeitungsleser keine Erinnerung an sie behielten. …

Jene also, die die Poesie nicht mögen – sie waren in der Mehrzahl – lehnten sich auf.«

Celans pathetisch empfundene Vortragsweise störte die nüchterne, alle Empfindungen scheinbar rationalisierende Atmosphäre. Sogar ein Vergleich mit Goebbels soll gefallen sein, und ein Vergleich mit dem Singsang in einer Synagoge. Welch ein Zusammenhang wurde da hergestellt! Dennoch: Statt der Gruppe pauschal Antisemitismus vorzuwerfen, wie es der Literaturwissenschaftler Klaus Briegleb in seiner Studie *Missachtung und Tabu* aus dem Jahr 2003 getan hat, müsste von einem Zusammenprall gesprochen werden, zwischen einer Täterkultur, die das emotionale Potenzial der Sprache so weit wie möglich ausklammert und auf diese Weise

eine Art Katharsis anstrebt, und einer der tiefstmögli-
chen Verwundung abgerungenen Sprache des Holocaust-
Überlebenden Celan. Die bilderreiche, in jeder Hinsicht
der Kahlschlagliteratur der unmittelbaren Nachkriegszeit widersprechende Ausdrucksweise Celans war eine
Provokation. Celan wurde zum zweiten Mal zum Opfer,
zum Opfer des Schweigens der Gefühle.

Ein Jahr später sollte Ingeborg Bachmann mit Gedichten gefeiert werden, die sich unverkennbar an die Sprache der deutschen Romantik anlehnten.

>*Die große Fracht des Sommers ist verladen,*
das Sonnenschiff im Hafen liegt bereit,
wenn hinter dir die Möwe stürzt und schreit.
Die große Fracht des Sommers ist verladen.«

Bachmann erhielt den Preis der Gruppe und wurde in
den 1950er Jahren zur populärsten Dichterin im deutschen Sprachraum. Ihr Erfolg stand auch für eine Abwen-
dung von dem Realismus der Stunde null, jener Zurückhaltung im poetischen Ton. Bachmann wurde gestattet,
was Celan ein Jahr zuvor untersagt worden war. Wie
keinem anderen Zeitgenossen war es ihr gelungen, aus
dem beschädigten Material der deutschen Sprache wenn
auch kein wieder gemütlich bewohnbares Haus, so doch
eine Schutz bietende Passage zu errichten. Celans Werk
dagegen versprach keinerlei Reparatur. Es blieb sperrig
und für immer bruchstückhaft.

Ich fand vor allem durch die Gedichte von Paul Celan und Ingeborg Bachmann wieder Anschluss an die

Sprache der deutschen Dichtung der Nachkriegszeit. Sie hatte jetzt Platz auf meiner Weltkarte der Poesie. So konnte ich wieder zu Georg Trakl und Rainer Maria Rilke zurückblättern, ohne das Gefühl zu haben, in einen anderen Sprachraum zu wandern. Diese Dichter kommunizierten über Sprach- und Ländergrenzen hinweg. War es ein Zufall, dass sie ihre Dichtung an der Sprachgrenze des Deutschen formulierten? Bachmann hatte das Slowenische als Gegenüber, Rilke wurde in Prag geboren. Celan stammte aus Czernowitz, einem Schnittpunkt von West und Ost, rumänisch, russisch, deutsch, jüdisch. In ihren Gedichten entstanden Assoziationsräume, die weit reichten. Im Fall von Celan berührten sich das Ostjüdische mit seinen hebräischen Wurzeln und die europäische Moderne.

Meine türkischen Wurzeln mit ihrem hybriden Charakter passten gut dazu. Meine Lyrik entstand im Umfeld einer Übersetzungskultur. Ich schrieb Ghasele auf Deutsch. Ich übersetzte Lyrik aus dem *Diwan* Yunus Emres ins Deutsche. In den futuristisch aufgedrehten Versen Nâzim Hikmets entdeckte ich die Formenstrenge der *Diwan*-Dichter. Selbst in den sich auf den Alltag, auf kleine Räume, die Straße, die Häuser und auf das Viertel beziehenden Gedichten von Behçet Necatigil war ein klassischer Ton spürbar, der sich an den Rhythmus einer großen vergangenen Epoche anlehnte. Das Osmanische Reich war eben nicht nur eine Kriegsmaschine, ein Reich mit imperialer Ausdehnung, sondern auch Heimat der unterschiedlichsten kulturellen Einflüsse, ein guter Boden für Stil- und Sprachvermischung. Das Osmanische

Reich war in kreativem Sinne unrein. Dichter, die mich begeisterten, haben versucht, in ihren Werken von dieser Unreinheit so viel wie möglich zu bewahren, gegenüber der puristischen Ideologie der Republik. Auch in den Versen von Fazıl Hüsnü Dağlarca fand ich Motive vor, die mich über Jahre hinweg beschäftigten. Der Mensch und das Tier, das Verhältnis zur Natur, die Sinnsuche in einer sinnentleerten, auf Produktion und Konsum beschränkten Welt, Wörter, die die Liebe benennen, auch wenn Raum und Atem dafür knapp geworden waren.

Die intensive Beschäftigung mit diesen Vorgängern und meine Sehnsucht nach einer die Sinne anfachenden Lyrik, die ungehemmt mit den Gefühlen kommuniziert, verhinderten in meinem Fall, die Dichtung als Spielwiese sprachlicher Experimente oder als begriffsgesteuerte Entsorgungsanstalt des Zivilisationsmülls anzusehen. Vielmehr sah ich in der poetischen Ausdrucksweise eine Möglichkeit, das verstopfte Herz zu öffnen, wie mit einem Katheter, um die Ablagerungen in den Adern der Sprache zu entfernen.

Aus der Gastarbeitertraum?

Wie ein attraktives Land sich hässlich macht

»Deutschland, ein türkisches Märchen«, unter diesem
Titel veröffentlichte der in Berlin lebende türkische Dichter Aras Ören vor fast dreißig Jahren einen Gedichtband.
Märchen grenzen oft an Albträume. Ist Deutschland inzwischen ein türkischer Albtraum? Aus dem Land, in das
viele Menschen, nicht nur aus der Türkei, als Gastarbeiter kamen, ist ein Einwanderungsland wider Willen geworden. Die Gastarbeiter, die in den 1960er Jahren in den
deutschen Fabriken arbeiteten, waren Protagonisten des
Wirtschaftswunders. Unter Tage im Bergbau wurden die
Gastarbeiter schnell zu Kumpeln. Der größte »Integrator«
ist die Arbeit. Der Kohlenstaub macht Menschen gleich,
egal welche Hautfarbe, Religion oder Nationalität sie haben. Unter der Erde muss man sich aufeinander verlassen
können. Doch inzwischen sind die meisten Gruben in
Deutschland stillgelegt. Und der Gastarbeiter von einst
wird über Tage inspiziert, katalogisiert, für tauglich oder
untauglich befunden. Aus ihm wurde zuerst ein Ausländer, aus dem Ausländer dann der Einwanderer, aus dem
Einwanderer ein Mensch mit »Migrationshintergrund«,

eine lange Reise, bei dem der Mensch noch nicht beim Menschen angekommen ist.

Wie ist das, wenn man sein eigenes Land mit Fremden teilen muss? Die Türken in Deutschland sind vielen Deutschen fremd geblieben. So wie die Türkei, ihr Herkunftsland, für viele Deutsche ein fernes, fremdes Land ist, das nicht dem gleichen Kulturkreis angehört. Auch und gerade weil die Türken in Deutschland keine Gastarbeiter mehr sind, sondern Landsleute mit fremden Sitten und Gebräuchen. Diese Fremdheit wird durch ihre Religion symbolisiert, die unter einem Imagegau leidet. Den Islam.

Deutschland hat sich ein Türkenproblem geschaffen, und damit ein Islamproblem. Die Bevölkerung türkischer und arabischer Herkunft ist in Deutschland von ihren Prägungen her jedoch kaum unter einen Hut zu bringen. Diese Prägungen sind sehr verschieden, und kein arabisches Land hat eine fast einhundert Jahre andauernde Erfahrung mit Säkularisierung. Doch türkisch und arabisch wird in Deutschland inzwischen in einer türkisch-arabischen Bindestrichidentität zusammengefasst. Durch eine Überbetonung der muslimischen Identität wird eine zusätzliche Differenz zur deutschen Mehrheitsgesellschaft konstruiert. Die Art, in der ethnische und religiöse Zuschreibungen im öffentlichen Diskurs erfolgen, deutet aber auf ein Grundproblem in der Gesellschaft hin, das weit über die traditionellen Familienstrukturen der muslimischen Einwanderer, ihre fehlende Begeisterung für die deutsche Alltagskultur oder die deutsche Sprache hinausgeht. Deutsch sein ist kein religiöses Bekenntnis, aber es bedarf einer kulturellen Vergewisserung. Diese könnte leicht in der Sprache und in einer reichen literarischen und philosophischen Tradition gesucht und gefunden werden. Noch vor der Reichsgründung 1871 manifestierte deutsche Identität sich geistig und philosophisch in der Literatur, nicht jedoch in einer bestimmten Konfession. Deutschland war ein scharf zwischen dem Katholizismus und dem Protestantismus getrenntes Land. Und das Judentum? Die Konstruktion einer christlich-jüdischen Identitätsklammer sagt viel aus über den verworrenen Zustand der deutschen Identitätsverfassung heute. Sie glättet das spannungsgeladene Verhältnis zwischen Christen und Juden, das vor allem in der Konstruktion der deutschen nationalen Identität eine Schlüsselfunktion einnahm. Deutsch sein forderte von Juden Assimilation und distanzierte sich zugleich von deren *fremder* Identität.

Es muss gewichtige Gründe dafür geben, dass Menschen Haus und Hof verlassen und sich in einem fremden Land niederlassen. In erster Linie versprechen sie sich davon eine Verbesserung ihrer Lebensumstände. Doch wäre es irreführend, die Migration und ihre Folgen als eine Aus- und Einreise zu begreifen, der immer eine bewusste Entscheidung vorangegangen ist. Kinder, die von ihren Eltern mitgenommen wurden oder in dem neuen Land geboren werden, haben diese Entscheidung nicht selber getroffen. Sie werden in die neuen Lebensverhältnisse hineingeboren. Daher bemühen sich Einwanderungsländer besonders intensiv um die Kinder von Zuwanderern. Im Mittelpunkt stehen üblicherweise Bildungsfragen und Aufstiegschancen. Denn gerade in Ländern mit sinkenden Geburtenraten bilden junge Menschen ein wichtiges Potenzial für die Zukunft. In Deutschland hat eine solche zweite Anwerbung um den Nachwuchs, wenn überhaupt, erst sehr spät eingesetzt.

Ich kam 1970 im Alter von acht Jahren nach Deutschland. Als ich zehn Jahre später meine ersten literarischen Texte veröffentlichte, war ich ein in Deutschland sozialisierter Dichter mit einem islamisch-türkischen Hintergrund, der mit der deutschen Sprache arbeitete. Ich hatte fast meinen gesamten Bildungsweg in Deutschland durchlaufen. Ich fühlte mich in diesem Land nicht als Fremder. Die deutsche literarische Öffentlichkeit aber entdeckte mich nicht als angehenden jungen deutschsprachigen Dichter, sondern als einen »Fremden in Deutschland«. Es gab ein Kommunikationsproblem zwischen dem assimilierten Türken und der deutschen Öffentlichkeit, die sich eine Assimilation überhaupt nicht vorstellen konnte. Eine Gesellschaft aber, die Fremde aufnehmen und integrieren möchte, muss sich auch eine Assimilationsgeschichte vorstellen können. Das heißt, sie muss in der Lage sein, jemanden, der erkennbar der Gesellschaft beigetreten ist und sich nicht mehr über seine Herkunftsidentität definiert, so zu akzeptieren, wie er ist.

Woher kommst du? Diese Frage wurde in Deutschland viel zu lange an die Frage »Wann gehst du wieder?« gekoppelt. Deutsch sein wurde mir viel zu lange nicht abgenommen. Und als ich mich 1992 einbürgerte, begann sogar eine stufenweise Entfremdung von dem Land, mit dem ich mich eindeutig identifizierte. Diese Entfremdung hatte nichts mit dem Einbürgerungsverfahren zu tun, das sachlich und funktional verlief und für mich die logische Konsequenz meines seit dem achten Lebensjahr andauernden Aufenthalts in Deutschland war. Aber Deutschland war für mich nicht nur ein Aufenthaltsort. Es war ein Land, das mich mit seiner Geschichte und seiner Gegenwart gedanklich und emotional beschäftigte. Ich war kein Fremder hier. Ich fühlte mich zugehörig. Das Schreiben von literarischen Texten in deutscher Sprache war kein exotisches Unterfangen, sondern ein natürlich gewachsener Prozess. Doch ich merkte sehr bald, dass dieses Natürliche und Selbstverständliche von meiner Umgebung nicht geteilt wurde. Meine deutsche Umgebung war zu stark mit meinem Türkischsein, meinem Anderssein beschäftigt. Damit meine ich nicht einmal eine Ablehnung, die sich auf der Straße mit Gewaltakten und Brandanschlägen gegen Fremde in abscheulicher Weise ausdrückte, sondern ein fehlendes Einfühlen in mein Deutschsein, das vor allem in meinen literarischen Texten zum Vorschein kam. Ich fühlte mich nicht als das türkische Gegenüber, zu dem man mich immer wieder machte, sondern als Teil eines innerdeutschen Dialogs. Wo aber waren die Dialogpartner, die sich mit mir beispielsweise über die Großstadt Berlin austauschten, über die ich schrieb, oder über die Folgen der deutschen Wiedervereinigung? So kam es, wie es kommen musste, und ich bin über diese Entwicklung nicht traurig. Denn seitdem ich Deutscher bin, kümmere ich mich viel stärker um mein türkisches Potenzial und habe aufgehört, darin einen Widerspruch zu sehen. Im Gegenteil: Die Bikulturalität ist ähnlich wie Bisexualität keine Perversion. Sie ist eine völlig legitime Verhaltens- und Lebensweise, von der eine Person nur profitieren kann, wenn sie nicht verstohlen und verschämt gelebt wird, sondern offensiv und selbstbewusst. Der deutsche und der türkische Monokulturalismus aber arbeiten Hand in Hand dagegen an und verbiegen die Lebensläufe. Sie arbeiten gegen das Selbstbewusstsein, gegen die Persönlichkeit von Menschen, die im Einflussbereich unterschiedlicher Kulturen leben. Der Hang zum Monokulturalismus, der immer wieder in dem platten Spruch »Multikulti ist gescheitert« gipfelt, verhindert inzwischen die Zukunftsfähigkeit Deutschlands.

Zwei Generationen von Einwandererkindern wuchsen hierzulande mit dem Standardsatz »Deutschland ist kein Einwanderungsland« auf. Auch die eigenen Eltern hielten diese Illusion aufrecht. Das nächste Jahr war nicht selten ein Rückkehrjahr. In Deutschland wurden die hier geborenen Kinder nicht deutscher Herkunft bis vor wenigen Jahren als Ausländer wahrgenommen. Auch wenn sich der offizielle Sprachgebrauch inzwischen geändert hat und man bemüht ist, Deutschland als Einwanderungsland zu definieren, zwischen der offiziellen und der öffentlichen Wahrnehmung gibt es nach wie vor eine große Kluft. Diese Kluft ist die Ursache für eine überwiegend negative Wahrnehmung des Einwanderungsprozesses. Die Fremden, allen voran die Türken, schotten sich ab, glaubt man. Es gibt sogenannte Integrationsverweigerer, sagt man. Das sind weitverbreitete Ansichten, und sie führen zu einer Stimmung der Befremdung. Der Blick ist auf den anderen gerichtet, und man richtet über ihn.

Was wird aber aus all jenen Menschen fremder Herkunft, die ihre Migrationsgeschichte überwiegend positiv wahrnehmen? Aus Menschen, die zwar fremde Namen tragen, sich in Deutschland aber nicht als Fremde fühlen? Es gibt ein positives Deutschlandbild, das viele Migranten im Herzen tragen, das von den Einheimischen kaum reflektiert wird. Fällt es so schwer zu glauben, dass Deutschland ein Land ist, das geliebt wird, in dem man gerne lebt, und zwar nicht nur wegen des sozialen Netzes, sondern wegen den vielfältigen Möglichkeiten, etwas aus seinem Leben zu machen, egal ob man Mann oder Frau, Türke oder Deutscher ist? In Deutschland zu leben ist ein Privileg. Es gibt kaum ein Land auf der Erde, in dem ein so dichtes kulturelles Angebot zur Verfügung steht. Man denke zum Beispiel an das vorbildliche Volkshochschulsystem. Die Deutschen werden als Kulturnation wahrgenommen, die mit großem Geschick und Fleiß ein lebenswertes Land aufgebaut haben. Doch die Liebe und der Respekt, die diesem Land zweifelsohne entgegengebracht werden, werden von den Menschen dieses Landes viel zu wenig reflektiert. »Zurücklieben!« wäre hier das Schlüsselwort, der Türöffner für Integration und Zusammenleben. Die Liebe annehmen und zurücklieben fällt vielen Deutschen schwer. Liegt es daran, dass sie ihr Land nicht genug lieben und wertschätzen, dass sie unter der Last der Geschichte, des Nörgelns und Klagens kaum frei atmen können? Warum wird in Deutschland die Hasspredigt gegen andere als Ausdruck von Freiheit verstanden und nicht das Lob des Eigenen?

Die Debatten um Integration werden vor allem entlang der Zugehörigkeitsfragen geführt. Im Mittelpunkt steht hierzulande nach wie vor eine Identitätsfrage, die mit Integrationsprogrammen nicht binnen weniger Jahre zu lösen ist. Identitätswandel und Zugehörigkeitsgefühle wachsen über Generationen und sind fragile Gebilde, die nur durch Anerkennung von Biografien gefestigt werden. Identitätspolitik in Deutschland aber orientiert sich an Kollektiven und ist inzwischen eine Angelegenheit der Ministerien und der Ämter. Das, was da als die überfällige Anerkennung der Einwanderung gefeiert wird, ist selbst ein Problem. Integration in Deutschland ist weniger eine Gesellschaftspolitik, die den Einzelnen im Blick hat, als eine Staatspolitik, die sich an Gruppen richtet. Der Glaube, der Staat könne alle Probleme lösen, ist in Deutschland nach wie vor weitverbreitet. Wir leben in einer schwach entwickelten Bürgergesellschaft. Und der Unmut der Bürger richtet sich gegen den Staat, wenn er seine Vaterpflichten nicht erfüllt. In dieser Konstellation ist es nahezu unmöglich, dass Gefühle zwischen den Menschen entstehen. Die Emotionen werden auf Gruppen übertragen. Der Nationalstaat profitiert von diesem Prozess. Wohlgemerkt, es handelt sich hierbei um den Nationalstaat des 19. Jahrhunderts, dessen Prinzip auf der Homogenisierung beruht. Doch ist dieses Modell im 21. Jahrhundert überlebensfähig? Inzwischen sorgt die allmächtige Globalisierung für die Nivellierung von Unterschieden. Die Bindung an den Staat, an die Nation, an Kollektive, die über ethnische oder religiöse Zugehörigkeiten definiert werden, versucht sich gerade auf dem Feld der Einwanderungspolitik zu behaupten. Hier, wo sich Vertrautes und Fremdes offensichtlich gegenüberstehen, lassen sich die traditionellen Bindungen noch am ehesten mobilisieren. So sind in unseren Integrationsdebatten oft Töne zu hören, die aus jener Zeit stammen, als ein Obrigkeitsstaat, ein durch Feuer und Schwert vereintes Deutschland des Jahres 1871, seine Bürger zu formen versuchte und sich dabei einen völkischen und nicht demokratischen Gründungsmythos schuf. Loyalität, Unterwanderung, Überfremdung, mit solchen Begriffen werden Kollektive konstruiert, um die fremden Lebensläufe in den Augen der Mehrheit zu bündeln und übersichtlicher zu machen. So werden aus Nachfahren von Libanesen, Türken, Iranern oder Marokkanern Muslime. Dabei gehören allein die Türken zwei sehr unterschiedlichen Konfessionen, der sunnitischen und der alevitischen Richtung des Islam, an. Ganz abgesehen von der Frage, ob die religiöse Zuordnung überhaupt ausreicht, um die fremde Identität zu beschreiben, sie spiegelt auch eine Verzerrung des Eigenen wider. Deutschland ist selbstverständlich ganz unterschiedlich religiös geprägt. Erlebt man Religion und Religiosität in Bayern nicht anders als in Mecklenburg?

Integrationspolitik hat sich aber nun einmal darauf verständigt, dass es möglich ist, Muslim und Deutscher zu sein, nicht aber türkisch und deutsch. In Wirklichkeit aber ist jegliche Mischform von Identität sowohl bei der deutschen Mehrheit als auch bei den eingewanderten

Muslimen zumindest umstritten. Sie wird vielleicht programmatisch definiert, gedanklich nachvollzogen, aber emotional abgelehnt. Ein Junge türkischer Herkunft in der deutschen Fußballnationalmannschaft? Der Ausnahmespieler Mesut Özil erträgt es mit stoischer Ruhe, dass seine Identität in der Berichterstattung inzwischen fast so viel Raum einnimmt wie seine spielerischen Qualitäten. Warum singt er die deutsche Nationalhymne nicht mit, fragen die einen? Wie kann er gegen das Team seines Herkunftslandes antreten, fragen sich die anderen? Derweil ist der Spieler längst nach Spanien gegangen, die Nationalmannschaft war sein Sprungbrett für die internationale Karriere. In Deutschland aber geht der Streit weiter, ob Kinder, die hier geboren werden, neben dem deutschen Pass den ihres Herkunftslandes behalten dürfen oder nicht. Doppelidentität wird nach wie vor als Loyalitätskonflikt gesehen, man kann ja nicht zwei Herren gleichzeitig dienen. Der Staat ist der Herr, der Bürger Knecht. Müsste es nicht gerade umgekehrt sein, der Staat steht im Dienste des Bürgers?

Die Integrationsdebatte wirft grundsätzliche Fragen auf und weckt auch manchen Zweifel. Wie stark ist die bürgerliche offene Gesellschaft in Deutschland eigentlich verwurzelt? Die Erfolgsgeschichte der deutschen Demokratie im Westen nach 1945 versperrt manchmal einen genaueren Blick in die Tiefenschichten des bürgerlichen Bewusstseins in Deutschlands. Das deutsche Staats- und Gesellschaftsverständnis wird heute auf eine Probe gestellt. Und es sieht fast so aus, dass man das hierzulande noch gar nicht bemerkt hat, weil man glaubt, ein fremdes Kollektiv, die Angehörigen der islamischen Religion, auf die Probe zu stellen. Wer spricht hier, wer ist hier man? Der Staat? Die Gesellschaft? Die Volksgemeinschaft? Wenn von vier Millionen Muslimen und ihrer Bewährungsprobe die Rede ist, dann ist klar, dass hier eine Religionsgemeinschaft nicht über ihre Gläubigen definiert wird, sondern quasi über das ius sanguinis, also über die Abstammung, über die Zugehörigkeit zu einer als Kulturkreis definierten Religion.

Es gibt islamisch inspirierte Kulturen, aber bestimmt nicht eine muslimische Kultur. Für die demokratische Kultur einer offenen, pluralistischen Gesellschaft ist dieser Diskurs hochproblematisch. Die ethnische und religiöse Identität eines Menschen kann nicht seine primäre und schon gar nicht seine einzige Identität sein. Sie stellt nicht die Grundlage seiner Zugehörigkeit zu einem Gemeinwesen dar. Es sei denn, man lebt in einem theokratischen Staat oder einer Volksgemeinschaft, die sich über die Abstammung definiert. Formal ist Deutschland eine lupenreine Demokratie. Eine offene, liberale Gesellschaft. Die Diskurse, die in diesem Land über Religion, Ethnizität und Identität geführt werden, sind aber, milde gesagt, pluralismusfremd. In einer pluralistischen Demokratie würde man über demokratiefeindliche Kräfte sprechen, die es freilich in jeder Gesellschaft gibt. Oder auch über Tendenzen eines religiösen Eifers, der Bürgerrechte bedrohen kann. Hierbei wäre die Balance zwischen dem Privatleben von Einzelpersonen und dem Interesse der Öffentlichkeit zu wahren. Und im Mittelpunkt würde der Bürger, das Individuum mit seinen unterschiedlichen Prägungen, stehen und nicht ein fiktiv homogenisiertes Kollektiv.

In Deutschland aber wird nicht etwa eine Diskussion über politischen Extremismus geführt, auch keine Debatte über orthodoxe Glaubenssysteme und ihre Auswirkungen auf Erziehung. Nein, es wird über vier Millionen Muslime gesprochen, deren einzige Gemeinsamkeit darin besteht, nicht der deutschen Volksgemeinschaft anzugehören. Das ist die allgemein akzeptierte und unwidersprochene Grundlage der Gespräche, die wir führen. Dieses Gespräch ist nicht demokratisch legitimiert. Es offenbart als Demokratiedefizit eine Unstimmigkeit in den Grundfarben dieser Gesellschaft. Und es hat historische, tief in das Selbstbewusstsein der Deutschen reichende Ursachen.

Deutschsein am Bosporus

Über die Vieldeutigkeit von Identität

Was sind die Nachfahren der Einwanderer, wenn sie keine Deutschen sind? Einheimische mit ausländischen Wurzeln, Deutsche türkischer Muttersprache, krisengeschüttelte Individuen, die nicht wissen, wo ihr Herz schlägt? Sie sind von alledem etwas und meistens anders, als man denkt. Die meisten haben eine vieldeutige Identität. Diese Vieldeutigkeit aber wird auf den Schreibtischen der Integrationsplaner nicht goutiert. In der deutschen Gesellschaft gibt es nach wie vor eine starke Neigung zu eindeutigen Identitätszuschreibungen und eine Sprachlosigkeit gegenüber Brüchen in der Identität.

Viele Türkenkinder in Deutschland sind nach wie vor Türken, dem Pass nach, aber auch emotional. Manche von ihnen werden auch Türken bleiben, andere werden sich einbürgern lassen. Doch die wenigsten kappen ihre Bindungen in die Heimat der Eltern und Großeltern. Das ist übrigens bei anderen Nationalitäten, wie etwa bei Italienern oder Griechen, nicht anders. Wir haben inzwischen Millionen von Menschen mit deutschem Pass, die keine Deutschen sind. Ist das gleichzusetzen mit einer

Unterwanderung, die so vielen Alteingesessenen Angst macht? Oder handelt es sich um ein neues Phänomen, mit dem wir im Zeitalter der Globalisierung leben müssen? Es könnte doch von Vorteil sein, wenn sich ein Teil der Bevölkerung auf mehreren Parketts bewegen kann, ein Vorteil für Kultur, Wirtschaft und Handel. Müsste man sich nicht gerade um die gut ausgebildeten, mehrsprachigen Einwandererkinder mehr bemühen? Vor allem auffallend viele gut ausgebildete Kinder ehemaliger Gastarbeiter verlassen Jahr für Jahr Deutschland, sobald sich eine lukrative Anstellung im Ausland anbietet. Die Rückkehr, die Illusion der Eltern, ist für sie keine Fantasie mehr, sondern eine realistische und praktikable Lebensalternative. Kehren sie in das Land ihrer Vorfahren zurück, gehen sie jedoch in ein fremdes Land, das sie höchstens von Urlaubsreisen kennen. In Istanbul beispielsweise gibt es inzwischen eine »deutsche« Kolonie von jungen, erfolgreichen Türken, die in Deutschland geboren und ausgebildet worden sind. Eine deutsch-türkische Mittelklasse, die sich nicht an der Spree, sondern am Bosporus etabliert. Neben Englisch ist Deutsch inzwischen die am häufigsten gesprochene Fremdsprache in Istanbul. Die meisten aus Deutschland stammenden Türken, die heute in der Türkei leben, pflegen noch einen regen Kontakt nach Deutschland. Durch sie entsteht so etwas wie eine deutsche Einwanderung in die Türkei, mit Auswirkungen auf das dortige kulturelle und soziale Leben.

Zwischen Deutschland und der Türkei ist eine starke Verschränkung entstanden, die jedoch kaum ein Thema in den deutschen Integrationsdebatten ist. An solchen Lebensläufen, die diese Verschränkung vorleben, lässt sich besonders gut illustrieren, wie realitätsfern eine Integrationspolitik ist, die von einem Entweder-hier-oder-dort ausgeht, von einem Entweder-oder. Wer seinen Lebensentwurf, sein Lebensgefühl in der Lebenswirklichkeit nicht wiederfindet, kann nicht heimisch werden. Die einseitige Wahrnehmung der Türken aus Deutschland als Verlierer in der Gesellschaft stößt oft jene vor den Kopf, die es geschafft haben, aufzusteigen. Das schwächt die türkischen Eliten in Deutschland und hemmt ihre Neigung, in Deutschland dazugehören zu wollen. Dabei ist diese Neigung immer dann durchaus stark, wenn sie nicht immer als Gegensatz zur Herkunft gedacht wird. Inzwischen ist die Verbindung nach Deutschland nicht nur eine materielle, wie in den Generationen zuvor. Deutschland ist Geburtsland, das Land, in dem man sozialisiert wurde, das Land der Spielplätze, der Schulen, ein Land, in dem man ohne Weiteres hätte bleiben können. Und wenn man weggeht, lässt man auch Wurzeln zurück.

Die Mehrheitsgesellschaft, die oft von einer »Bringschuld« spricht, wenn sie das Wort an die Fremden richtet, hat diese Lebensläufe selten im Blick. Worin besteht denn eine »Bringschuld« für einen in Berlin geborenen Ausländer, der sein ganzes Leben in der Hauptstadt verbracht hat? Er ist nur seinem eigenen Leben gegenüber verantwortlich, wie jeder andere Mensch in dieser freien offenen Gesellschaft auch. Wenn der Staat anfängt, diesen Menschen auszusondern, seine Neigungen, seinen Lebensstil zum Thema zu machen, ihn anders zu behandeln als einen Einheimischen, dann entsteht daraus keine Integrationspolitik, sondern Segregation. Jeder Mensch ist vor dem Gesetz gleich. Wenn ein Mensch gegen Gesetze verstößt, ist er ein Fall für die Justiz und nicht für die Integrationspolitik.

Für die komplexen Phänomene der Migration sucht man griffige Begriffe, die nicht den Zustand, sondern eine Perspektive, die sich auf den Zustand richtet, beschreiben. »Parallelgesellschaft« ist beispielsweise ein solcher Begriff. Man hätte auch von den Rändern der Gesellschaft sprechen können, aber das würde bedeuten, man hätte sich bereits geöffnet und die Fremden in die Gesellschaft aufgenommen. Doch die Perspektive verlangt etwas anderes. Sie will eingrenzen und ausgrenzen, sie will Distanz schaffen. Sie will den anderen orten, ihn in seinen Bewegungsmöglichkeiten einschränken, ihn fixieren, statt seinen Radius auszuloten. Jemand, der in der dritten Generation in Deutschland lebt, hört sich in den Integrationsdebatten die gleichen Ansprachen an wie jemand, der heute nach Deutschland einwandert. Mit anderen Worten: Er hört sich das nicht an, weil er sich nicht angesprochen fühlt.

Es gibt in Deutschland vielleicht inzwischen eine Integrationspolitik, aber bislang keine integrative Sprache, die mit Menschen unterschiedlicher Herkunft kommuniziert. Dabei geht es nicht darum, von diesen Menschen Selbstverständlichkeiten einzufordern, wie das Lernen der deutschen Sprache oder das Einhalten der Gesetze. Es geht um einen nüchternen, pragmatischen Ansatz, der die Lebensverhältnisse konkret vor Ort verbessert. Von immer mehr jungen Menschen wird diese Sachlichkeit gefordert, die den aufgeregten Migrationsdebatten aber meistens fehlt. Interessiert es einen jungen Menschen türkischer Herkunft, der in Deutschland aufgewachsen ist, wirklich, was auf der Islamkonferenz debattiert wird? Oder geht es ihm mehr um Teilhabe in der Schule, in der Ausbildung, im Sportverein? Es sind nicht die Nachfahren der Migranten in Deutschland, die Identitätsdebatten führen und Wurzelschmerzen empfinden. Es ist eine Kaste von selbst ernannten Experten, die in meinungsführenden Medien und als Begleitmusik einer auf der Stelle tretenden Politik immer wieder die gleichen Behauptungen aufstellt, um eine vorgefasste Meinung zu füttern: Die Integration ist gescheitert, Multikulti ist gescheitert. So viel Lust am Scheitern war selten.

Diese Debatten um Identität und Zugehörigkeit könnten viel spielerischer geführt werden. Diese Melange führt zu einem Wechselspiel der Gefühle und Positionen. In einer polarisierenden Debatte zerbricht sie und wird zum Kampf der Splitter, die sich als ein Ganzes fantasieren und verhärten. Diese Splitter lösen eine Empfindung der Zerbrochenheit aus. Denn das Ganze ist heute einfach nicht mehr homogen. Es ist in sich gebrochen. Aber müssen diese Brüche wunde Stellen sein? Die Mehrheitsgesellschaft scheint genau dieser Verlust einer fantasierten Homogenität zu bewegen: Es geht ihr um das Gefühl der eindeutigen Zugehörigkeit. Um Heimatfindung in einer unübersichtlich gewordenen Welt. Wer oder was ist heute deutsch? Wem gehört Deutschland? Gehört der

Islam dazu? Es geht um die christlich-abendländischen Fundamente der deutschen Gesellschaft, wie man des Öfteren hört. Das Auftauchen einer als fremd empfundenen Kultur im Innersten wird immer stärker als schmerzhafter Eingriff in das Wesentliche, das Einheimische, das Vertraute empfunden, das durch diesen Eingriff umgestaltet, ja verstellt wird.

Fußt die deutsche Kultur heute wirklich nur auf christlich-jüdischen Fundamenten, wie landauf, landab behauptet wird? Oder betreibt man mit dieser Behauptung nur Kulturhygiene? Hat der Islam keine Berührung mit der Aufklärung gehabt, während das Christentum diese hervorgebracht hat? Viele Fragen stellen sich, sie werden aber selten wirklich gestellt und ausdiskutiert. Stattdessen werden Behauptungen formuliert, die historisch zumindest zweifelhaft sind und lediglich zu einer ideologischen Identitätspolitik führen. Die Aufklärung in Europa ist kein Produkt des Christentums, schon gar kein ausschließliches. Im Gegenteil: Sie hat sich gegen erhebliche Widerstände der Kirchen mühsam durchsetzen müssen. Die jüdische Emanzipation war ebenfalls das Ergebnis eines gewaltigen kulturellen Wandels. Die Krisen und Konflikte, die mit diesem Wandel einhergingen, füllen ganze Bibliotheken. Doch wie weit werden sie heute erinnert? Warum werden die Berührungspunkte abend- und morgenländischer Kultur in Andalusien, auf dem Balkan und in Anatolien verschwiegen? Oder die Geschichte der türkischen Modernisierung, ohne die türkische Identität heute gar nicht ausgelotet werden kann? Unsere Identitätsdebatten sind inzwischen ideologisch aufgeladen und haben sich vom Wissensreservoir auch unserer eigenen Kultur weit entfernt. Das Zeitalter der Expeditionen ist abgeschlossen. Heute finden die Erkundungen im Inneren statt. Aber uns fehlt ein Alexander von Humboldt für das Innere.

Humboldt, der Entdecker, Geograf, Ethnologe und Philosoph. Er stand am Anfang einer euphorischen Wissenschaftsbegeisterung, die sich mit dem Entdecken des Fremden beschäftigte und Einflüsse von außen zuließ, die die eigene Kultur beseelten und formten. Auch heute gelten Humboldts Forschungsreisen als Inspirationsquelle und Bezugspunkt einer Öffnung zur Welt, die humanistischen Idealen entspringt und Menschenneugier und Naturkunde auf kreative Weise miteinander verbindet. So entstand ein sich an der Welt orientierender Heimatbegriff. Ein Gegenbegriff zur Scholle, zur Heimat im Schrebergartenformat, ein weit atmender Kosmos, der nicht durch künstliche Grenzen zerstückelt, sondern durch die Beziehung der Dinge untereinander erweitert und vertieft wird.

Sollte man sich heute nicht wieder mit den Humboldt'schen Begriffen des »autonomen Individuums« oder des »Weltbürgers« auseinandersetzen? Humboldts vielfältige Tätigkeiten wurden von einer ganz persönlichen, individuellen Neugier angetrieben, die der Ferne ihren Schrecken nahm, nicht aber ihr Geheimnis. Die Autonomie des Einzelnen wurde einerseits zu einem ethischen Prinzip, das es dem Menschen ermöglichte, seine individuellen Fähigkeiten auszubauen und ein unverwechselbares Leben zu führen. Andererseits war er in der Lage, Heimat in der Welt zu sehen, jenseits von Sprach-, Kultur- und Ständegrenzen. Doch diese Fundamente, die den neugierigen, aufnahmebereiten Einzelnen auf die Reise schicken, sind heute durchaus bedroht. Kultur und Identität werden wieder stärker als Kapsel wahrgenommen, die mehr Schutz bieten soll, als Keimzelle einer Öffnung nach außen zu sein. Ist der Weltbürger für uns vielleicht nur ein durch seine Heimatlosigkeit und Ungebundenheit immer unter Verdacht stehender Träger einer neuen unwirtlichen Welt geworden? Welterfahrung scheint heute im Zeitalter der weltweiten Kommunikation leicht und selbstverständlich zu sein. Sie ist aber nur noch schwer eingrenzbar und überfordert den Bürger in seiner Hütte. Rasch sind die geistigen Aufnahmekapazitäten erschöpft. Oft setzt eine Blockade ein, der wir uns nicht einmal bewusst sind.

Die Globalisierung, die wir heute erfahren, war schon im 19. Jahrhundert als Weltaneignung in Gang gekommen, gekoppelt an politische Herrschaft und ökonomische Ausbeutung. Dabei erfuhr Humboldts Kosmos Gewalt und wurde mehrfach zertrümmert. Heute lassen sich Wohnzimmer in die Südsee verwandeln, und mancher Garten wird tropisch durch seine Anwohner. Die Fremdheit des Nachbarn verkörpert auch die Überwindung einer geografischen Distanz. Ferne dagegen lässt sich nicht mehr nur im Atlas nachschlagen, sondern in einem Katalog buchen. Der Verlust der Ferne muss auch im Inneren aufgearbeitet werden, weil die Fremdheit dort am stärksten verspürt wird, wo sie einem am nächsten ist.

Dabei gibt es gerade in Bezug auf die deutsche Aufklärung und den Islam eine lange und intensive Berührungsgeschichte. Die Orientalistik als akademisches Fach ist vor allem eine deutsche Kreation. Sie hat nicht nur zur Exotisierung einer als fremd wahrgenommenen Welt geführt, sondern auch viel Nachbarschaft geschaffen. Wer heute darüber diskutiert, ob der Islam ein Teil der deutschen Kultur sei, kennt weder seinen Goethe noch seinen Lessing und schon gar nicht Rückert, den genialen Übersetzer aus den orientalischen Sprachen. Er weiß nichts über die muslimischen Engelmotive bei Rilke. Und die viel zitierte griechische Antike? Sie eignet sich nun wirklich nicht als Spaltmaterial. Im Gegenteil, sie ist der gemeinsame Ursprung sowohl der islamischen Zivilisation im Mittelalter als auch der abendländischen in der Neuzeit.

Warum also diese Verkrüppelung in den Identitätsdebatten, in denen ein oberflächlich beschnittener Begriff der eigenen Kultur gepflegt wird? Geht es hier wirklich um Fremde, die man integrieren möchte, oder vielmehr genau um das Gegenteil, um ihre Ausgrenzung? Wahrscheinlich weder noch. Es geht eher um das eigene Selbstverständnis, um ein Unbehagen an der eigenen zersplitterten Identität. Es geht um ein Selbstgespräch. Gibt es ein Maß für das Gewicht des Fremden? Wie viel Fremdes verträgt Deutschland?

In der Integrationsdebatte streiten in erster Linie die Alteingesessenen über ihr Verhältnis gegenüber den Fremden. Das erklärt, warum so wenig von diesen Debatten bei denen ankommt, um die es angeblich geht,

bei den Einwanderern. Wie geht man mit Unterschieden in einer pluralistischen Gesellschaft um, wie definiert man Gemeinschaft? Dabei wären die eigentlichen
Grundlagen der westlichen Zivilisation, die Neugier und
die Skepsis, aus denen sich die größte Kreativleistung
der Menschheitsgeschichte entwickelt hat, auch heute
die richtigen Ratgeber im Gespräch mit einer anderen,
der islamischen Kultur, die diese Grundlagen eingebüßt
hat und sich deshalb in einer großen Krise befindet.
Neugier und Skepsis verhindern die Aufstellung einfacher Behauptungssätze. Sie tragen zu einer Kultur der
Selbstkritik bei und öffnen die Poren zum Austausch. Ein
Blick auf den anderen, der nicht durch das Prisma der
Selbstkritik gebrochen ist, wird immer verstellt bleiben.
Er wird den anderen verzerren. Widerspruch ist kein
Fremdwort, sondern einer der Eigennamen von Freiheit.
Diesen Widerspruch haben wir in der Wahrnehmung
von Fremden gänzlich eingebüßt. Wir verwechseln den
Widerspruch in uns selbst mit einem dem anderen Wi-
dersprechen. Das aber ist nicht die Wurzel der Freiheit,
sondern der Ausgangspunkt einer geistigen Erstarrung
und Verengung, die nicht nur das Fremde stigmatisiert,
sondern auch das Eigene in Denkschablonen presst. Wir
erleben heute einen ständigen Affront gegenüber unserer eigenen Geistesgeschichte, in deren Zentrum die
Aufklärung steht, wenn wir die Fähigkeit zur Selbstkritik einbüßen und uns nur noch durch die Ausgrenzung
des anderen definieren. Die Unvereinbarkeit von Islam
und Moderne, von Demokratie und muslimischer Kultur, ist ein Lehrsatz sowohl der islamischen Fundamen-

talisten als auch der westlichen Islamgegner, die sich auf die christlichen Wurzeln ihrer Kultur berufen und dabei die Geschichte der Aufklärung verschweigen. Wie passt dieses glaubensschwangere Denken zur säkularisierten Gesellschaft? Wie verhält sich Verklärung des Eigenen und Stigmatisierung des anderen zum kritischen Potenzial des rationalen Denkens? Handelt es sich bei diesem gespaltenen Bewusstsein der »Aufgeklärten« um die Sehnsucht nach Mythos und Verklärung? Wer andere verklärt, braucht einen Mythos des Eigenen.

Ist es also verwunderlich, dass sich viele Nachkommen von Einwanderern auch in der dritten Generation nicht als Deutsche definieren? Zwischen Weggehen und Ankommen ist eine individuelle Wegstrecke, die in keinem Atlas verzeichnet ist. Diese Strecke ist heute keine Einbahnstraße mehr, sondern ein ständiges und stetiges Pendeln zwischen Hier und Dort, ein Hin und Her, das herkömmliche, eindeutig definierte Grenzbegriffe aufhebt. Man ist nicht mehr Teil einer Luft, eines Lichts, einer Sprache, einer Landschaft. Heimat und Fremde durchdringen einander, heimatliche und fremde Luft, Sprache und Landschaft tauchen ineinander. Integration hebt das Fremde nicht auf. Im Glücksfall reduziert sie die Distanzen und lässt an den Stellen der Berührung keine Wunden zurück. Berührungspunkte müssen atmende Stellen sein, die eine Durchlässigkeit erlauben.

Wer aufnimmt, muss auch loslassen können. Wer aufmacht, lässt Austausch zu. Das gilt sowohl für Einheimische, die Einwanderung erfahren, als auch für die Einwanderer, die sich an einem fremden Ort einleben müssen. Sollte nicht jemand, der in ein fremdes Land geht, bereit sein, aufzugeben, was er hinter sich gelassen hat? Doch was heißt aufgeben und verlassen in einer Welt, in der es keine Fixpunkte und vor allem keinen Mittelpunkt mehr gibt, sondern eine große, globale Vernetzung? Man stelle sich eine Weltkarte vor, an der verschiedene Stellen mit einem Punkt markiert sind, die aufleuchten, wenn man sich an diesem befindet. Doch was geschieht in derselben Zeit an den anderen Punkten, die man verlassen hat oder an die man zurückkehren wird? Wir sind heute dank unserer Kommunikationstechnik in der Lage, genau das zu erfahren. Welche Bedeutung dieses Geschehen am anderen Ort für jeden von uns hat, ist individuell verschieden. Diese Relativierung von Anwesenheit löst aber auch Ängste aus, die von Migrationsdebatten nicht aufgefangen werden. Diese Ängste wiederum mobilisieren massive Widerstände gegen Zweisprachigkeit, gegen vieldeutige und hybride Identitäten, gegen die doppelte Staatsbürgerschaft. Das stellt eine große Herausforderung sowohl für die Migranten als auch für die aufnehmende Gesellschaft dar.

Gibt es einen deutschen Traum?

Über die Perspektiven Deutschlands
als Einwanderungsland

Jede Einwanderungsgesellschaft braucht eine spezielle
Zukunftsvision, die über ihre Selbstbeschreibung hinausgeht, die mehr sein muss als die Bewahrung beste-
hender Strukturen. Diese Vision kann als eine Gefährdung des eigenen Selbstverständnisses, aber auch als
Chance wahrgenommen werden, dieses Eigene zu
erweitern. Zunächst aber braucht die Gesellschaft einen Konsens über dieses Eigene. Dass viele Menschen
von außen gekommen sind, um sich zum Beispiel in
Deutschland niederzulassen, deutet ja erst einmal auf
einen Reiz hin, den dieses Land ausstrahlt. Erschöpft sich
dieser Reiz in dessen ökonomischem Erfolg? Wie stark
ist heute die kulturelle Anziehungskraft Deutschlands,
wie wird sie nach außen vermittelt? Viele Schwierigkeiten, die Deutschland heute mit der Migration und ihren
Folgen hat, sind hausgemacht. Sie finden ihre Ursachen
in einem deutschen Dilemma, das historische Ursachen
hat, die heute kaum thematisiert werden. Deutsche Geschichte kann nicht einfach beiseitegeschoben werden,

wenn es darum geht, Deutschland zu öffnen, für Menschen, die diese Geschichte nicht teilen.

Die Aufhebung der schmerzhaften Teilung Deutschlands, das Zusammenfinden von Ost und West in einem demokratischen Staat im Anschluss an die friedliche Revolution im Osten hat nicht nur die politische Landkarte Europas verändert. Die deutsche Wiedervereinigung ist auch der Auslöser eines deutschen Selbstfindungsprozesses, der den Blick auf die deutsche Geschichte wenn auch nicht grundlegend verändert, so doch erweitert hat. Die unterschiedlichen Biografien von Ost und West fließen in der Berliner Republik zusammen. Sie reiben sich aber auch aneinander. Wer die Teilung überwindet, muss das Teilen und das Mitteilen lernen. Das westliche Wirtschaftswunder ist ein Märchen, an dem auch die Gastarbeiter der ersten Generation mitgeschrieben haben. Ostdeutsche waren von diesem Wunder ausgeschlossen. Nach der deutschen Einheit ist die Erinnerung daran verblasst, obwohl es die Grundlage dafür bildete, dass die Einheit ökonomisch überhaupt gestemmt werden konnte. Nach dem Fall der Mauer konzentrierte sich Deutschland auf die Einheit von Ost und West. Die Lebenswirklichkeit von Nichtdeutschen, die auf deutschem Boden Wurzeln geschlagen hatten, trat in den Hintergrund und wurde jahrelang im Osten ganz anders wahrgenommen als im Westen. Über die deutsche Einheit diskutierten Deutsche miteinander. Stimmen von Migranten wurden nur im Zusammenhang mit fremdenfeindlichen und rassistischen Übergriffen wahrgenommen. So konstruierte sich die Wiedervereinigung als ein nationaler

Prozess, bei dem es vor allem um die Rekonstruktion nationaler Identität ging. Das Zusammenwachsen ist jedoch ein widersprüchlicher Prozess, denn die Deutschen bilden keine homogene Erinnerungsgemeinschaft. Sie leben in der Erinnerungsvielfalt. Verbunden wurde die historische Erfahrung der West- und Ostdeutschen eigentlich nur durch den Mauerbau, das Symbol der Teilung.

Mahnmale und Gedenktage erinnern an die Verbrechen des »Dritten Reiches«, und diese Erinnerungskultur gehört auch im vereinten Deutschland zur Staatsräson, sie bestimmt die Richtlinien deutscher Gedächtnispolitik. Deutsche Identität aber schafft sich inzwischen auch neue Rituale, die nicht auf die Geschichte fixiert sind. Immer stärker inszeniert sich das deutsche Nationalgefühl als Lockerungsübung mit festlich-fröhlichem Charakter. Aus der Stammesgesellschaft ist auch eine Spaßgesellschaft geworden. Die Bühne dieser fröhlichen Inszenierungen sind Fußballweltmeisterschaften. Das sogenannte »Sommermärchen« aus dem Jahr 2006 wurde zur Geburtsstunde eines neuen deutschen Selbstverständnisses, das sich selbstbewusst zu Schwarz-Rot-Gold bekennt. Im Sommer 2010 feierte das Land eine deutsche »Fußball-Internationalmannschaft«, mit Spielern unterschiedlicher Herkunft, die sich mit viel Spielwitz und jugendlichem Elan in die Herzen der Fans kickten. Mit dieser Mannschaft blitzte für einige Wochen auf, was für ein kreatives Potenzial das Einwanderungsland Deutschland in sich birgt. Menschen unterschiedlicher Herkunft können hier zusammenfinden, denn sie haben inzwischen eine Geschichte miteinander. Diese Geschichte wird immer dann lebendig, wenn sie einen Rahmen bekommt, der sie gegenwärtig macht. Ein Ereignis wie die Fußballweltmeisterschaft ist dafür prädestiniert. Ein unmittelbares Erleben des Gemeinschaftsgefühls, an dem Menschen unterschiedlicher Herkunft teilhaben können. Doch Fußballweltmeisterschaften gibt es nur alle vier Jahre. Was passiert dazwischen?

Nie gab es in Deutschland mehr Freiheit als heute, nie gab es mehr Wohlstand. Und zugleich gab es, mit Ausnahme der frühen 1920er Jahre, den Jahren der Inflation und der Not, nie so viel Angst wie heute. Angst vor Überfremdung, Angst vor den Folgen der Globalisierung, Angst vor dem Islam. Wie ist diese Diskrepanz zu erklären? Brauchen die Deutschen vielleicht Angstzustände, um sich selbst wahrzunehmen? Dass vier Millionen Muslime binnen weniger Generationen das Achtzigmillionenvolk der Deutschen zur Minderheit im eigenen Land werden lassen und dass sie allesamt nichts anderes im Schilde führen, als den demokratischen Rechtsstaat abzuschaffen, um die Scharia einzuführen, eine solche Mär scheint nicht wenige im Land zu beschäftigen. Ist das alles rational noch zu begreifen? Die Zahl der Muslime in Deutschland, die einen abgeschotteten konservativen Lebensstil pflegen, wird auf etwa eine halbe Million Menschen geschätzt. Ihnen stehen inzwischen Millionen von islamfeindlichen Deutschen gegenüber. Und diese haben Angst um ihre Zukunft. Welche emotionalen und historischen Ursachen gibt es für diese nationale Verblendung, die die Zukunft des Landes inzwischen mindestens ge-

nauso gefährdet wie die sich ankündigende Klimakatastrophe?

Von außen erscheint Deutschland als wirtschaftli-
cher Koloss. Doch im Inneren ist der Riese zart besaitet.
Himmelhoch jauchzend und tief betrübt ist das deutsche
Gemüt, ein manisch-depressives wie emsiges Volk, das
auch sechs Jahrzehnte nach dem Ende des Zweiten Weltkrieges, zwei Jahrzehnte nach der Wiedervereinigung,
keineswegs mit sich selbst im Reinen ist. Die Deutschen
werden nervös, wenn sie sich mit anderen beschäftigen
müssen, denn sie brauchen die ganze Energie für sich
selbst. Das deutsche Selbstgespräch schottet sich nach
wie vor ab, wenn mit anderen kommuniziert wird. Es ist,
als hätte man einen abgeschlossenen Raum für die Erinnerungen eingerichtet, um sie nicht in Berührung kommen zu lassen mit den vielfältigen Stimmen von draußen. So haben wir es in den Integrationsdebatten mit
einem seltsam geschichtslosen Deutschland zu tun. Als
hätte dieses Land keinerlei Erfahrung mit Migration, mit
Ein- und Auswanderung, mit kulturellen Debatten um
die deutsche Identität. Die Emanzipation und Assimilation der deutschen Juden, die Vertreibung der Deutschen
aus Osteuropa wurden von heftigen Identitätsdebatten
begleitet, die Teil des deutschen kulturellen Selbstverständnisses sind. Wenn heute vom jüdisch-christlichen
Erbe deutscher Kultur die Rede ist, kann eine muslimische Integration nur dann gestaltet werden, wenn dieses
Erbe aus den Sonntagsreden ausgepackt wird und nicht
nur als Teil der Erinnerungskultur, sondern auch als Er-
fahrungshorizont wahrgenommen wird. Es ist richtig,

wenn die deutsch-jüdische Erfahrung nicht nur von ihrem katastrophalen Ende her betrachtet wird. Es handelt sich dabei um eine mehr als tausendjährige wechselhafte Geschichte. Die jüdische Emanzipation als eine Folge der Aufklärung gehört zu den großen Blütezeiten der menschlichen Zivilisationserfahrung. Wie weit ist sie aber heute noch gegenwärtig?

Wenn es um die Zukunft geht, findet immer ein Gespräch zwischen Geschichte und Gegenwart statt. Dieses Gespräch scheint blockiert zu sein, wenn es um die Zukunft des Einwanderungslandes Deutschland geht. Wie kann ein Land als Einwanderungsland funktionieren, wenn es dies nur widerstrebend geworden ist? Es kann nicht überraschen, dass jedes Problem, das im Zusammenhang mit der Migration auftaucht, hierzulande sofort zu einem Gefühl des Scheiterns beiträgt. Die Integration sei gescheitert, hört man landauf, landab, als hätte man in diesem Lande eine jahrzehntelange Integrationspolitik betrieben. Es ist ein gefühltes Scheitern, das tatsächlich mit einem Grundgefühl zu tun hat. Dieses Grundgefühl wurzelt in einem vorbelasteten Verhältnis zu sich selbst und zum Fremden. Die meisten Deutschen haben das Gefühl, nicht unbefangen mit Fremden umgehen zu können. Ein offenes Gespräch über den Fremden, bei dem man sich Luft verschafft, hat immer einen erleichternden Charakter. Das Gespräch über den Fremden ist aber kein Gespräch *mit* ihm. Wer mit dem Fremden spricht, ist hierzulande vor allem mit den eigenen Tabus beschäftigt. So kommt es zu keinem Dialog, sondern zu einem Monologisieren, dessen Zweck vor allem die Überwindung eigener Tabus ist. Es ist demnach kein Zufall, dass die seit Jahren intensiv geführten Debatten um Integrationsfragen sehr wenig Widerhall bei den Einwanderern finden.

Man möchte weltoffen sein in diesem Land, jedoch nicht, weil man eine weltoffene Grundhaltung hat. Die Weltoffenheit wird als Schutz vor der eigenen Geschichte verstanden. Vor der eigenen Geschichte aber kann man sich nicht schützen. Die Geschichtsaufarbeitung in Deutschland kann nicht zu einer Entlastung führen, lediglich dazu beitragen, das Eigene besser einzuschätzen. Doch in letzter Zeit wird diese Aufarbeitung tatsächlich so verstanden, wie man sie irrtümlicherweise bezeichnet, als Vergangenheitsbewältigung. Die bewältigte Geschichte berührt einen nicht mehr. In diesem Sinne kann es keine bewältigte Geschichte geben.

Die sogenannte Vergangenheitsbewältigung hat das Verhältnis der Deutschen zur eigenen Identität und zu Fremden, die nicht als Touristen ins Land kommen, sondern um sich niederzulassen, um ihre Kinder hier auf die Welt zu bringen, nicht grundlegend verändert. Der Fremde bleibt in Deutschland fremd, solange er nicht seiner eigenen Herkunft abschwört. Das ist die Regel. Die Willkommenskultur, von der in letzter Zeit immer wieder die Rede ist, hat keine emotionale Basis. Es ist ein Wort, manchmal vielleicht eine Geste, aber es ist kein selbstverständlicher Teil der Kultur. Mit Appellen lässt sich eine solche Kultur nicht aufbauen.

Wenn der Spruch »Wir sind ein Volk« heute bemüht wird, um ein neues deutsches Selbstverständnis zu verkünden, tritt die Frage, wie eine Gemeinschaft vieler Völker in Deutschland zusammenleben kann, in den Hintergrund. Nein, die Deutschen sind heute nicht mehr ein Volk, und sie werden es morgen noch weniger sein. Sollte Deutschsein nicht mehr durch Abstammung definiert werden, bräuchten wir ein anderes Selbstverständnis, das Differenzen als identitätsstiftend und nicht als Spaltung empfindet. Von einer solchen pluralen Grundierung ist das deutsche Selbstverständnis jedoch weit entfernt. Wurzeln schlagen bedeutet immer Anpassung an einen neuen Boden. Doch von den Menschen wird im 21. Jahrhundert immer mehr Flexibilität verlangt. Wir leben im Zeitalter der Bewegung und der Geschwindigkeit. Ein starres Zuordnungssystem von Identität und Zugehörigkeit, das mit klaren Grenzen operiert, mag Sehnsüchte bedienen, die mehr Ordnung oder Sicherheit versprechen. Doch es schafft auch eine künstlich abgeschottete Welt.

Seit es den Einwanderungsprozess gibt, weicht Deutschland aus, ist auf der Flucht. Obwohl die Einwanderung seit einigen Jahren von niemandem mehr bestritten werden kann, fehlt ihr eine politische, kulturelle und soziale Begleitung, die mehr anzubieten hat als einen Aufruf zur Integration, die auf verzerrten Wahrnehmungen beruht.

In Deutschland leben inzwischen Millionen von Menschen, die in diesem Land geboren und aufgewachsen sind, ohne Deutsche zu sein. Wer einen deutschen Pass erwirbt, fällt zwar aus der Ausländerstatistik heraus, selten aber aus dem Raster des Fremden. Dabei fühlen sich viele dieser Menschen durchaus in Deutschland zu Hause. Sie haben sich eingelebt, haben sich hier eingerichtet. Sie sind Deutsche geworden, aber auch Türken geblieben. Der Integrationspolitik fehlt eine dialogische Sprache, um mit ihnen zu kommunizieren. Es wird so getan, als schließe die Verwurzelung in Deutschland einen Rückgriff auf die Herkunft aus. Die deutsche Integrationspolitik braucht weniger Ansprache, dafür einen schärferen Blick über die Grenzen hinaus. Sie müsste symbolisch gesprochen zweisprachig sein. Die deutsche Politik tut sich damit schwer. Immer wieder werden gut gemeinte Aufrufe gestartet.

Die Bundeskanzlerin spricht davon, dass wir uns an Moscheen gewöhnen müssen. Der Bundespräsident erklärt den Islam zu einem Teil Deutschlands. 2006 hat der damalige Bundesinnenminister Wolfgang Schäuble eine Islamkonferenz einberufen, mit einem ähnlichen Ansatz. Doch all diese Aktivitäten, die einer pragmatischen Betrachtung der Lage Folge leisten, scheitern bislang an der ablehnenden Grundhaltung der Mehrheitsgesellschaft. Bisher sind die Versuche, die Bevölkerungsmehrheit von der Notwendigkeit eines Umdenkens zu überzeugen gescheitert. Sie sollen doch so leben wie wir, sich anpassen, heißt es.

Dabei werden immer wieder Rechtsverletzungen, die von muslimischen Migranten begangen werden, hervorgehoben. Die Diskriminierung der Frauen durch die Männer, Zwangsverheiratungen, Ehrenmorde. Die Migranten müssen unsere Gesetze einhalten, heißt es. Doch sind das nur unsere Gesetze? Auch in ihrem Herkunftsland, der Türkei, wären diese auf archaischen Normen beruhenden Verhaltensmuster rechtswidrig. Was Geschlechtertrennung angeht, ist die Türkei sogar noch rigider als Deutschland. Der koedukative Unterricht ist dort seit Jahrzehnten durchgesetzt und unumstritten. Kopftücher waren bis vor Kurzem sogar in den Universitäten verboten. Doch in den Diskussionen taucht dieser Aspekt kaum auf. Der Grund ist einfach: Es geht nicht um eine zivilisatorische Erziehung der Menschen, sondern um ihre kulturelle Bevormundung. Das wird besonders deutlich bei den Kontroversen um Moscheen, türkische Schulen und die türkische Sprache. Moscheen, Schulen und die Muttersprache stellen keine Rechtsverstöße dar. Sie sind aber starke Identitätssymbole. Sie werden als Angriffe auf die deutsche Identität wahrgenommen.

Was die Fremden angeht, würde man sie gerne assimilieren. Schweinefleisch verzehrende, Bier trinkende Muslime, die perfekt Deutsch und kein Türkisch mehr sprechen, wären vielleicht willkommen. Ein frommer muslimischer Ingenieur, der hier friedlich und rechtstreu lebt, aber auch darauf achtet, dass seine Kinder zweisprachig und bikulturell aufwachsen, ist es nicht.

Dass der Bildungsstand vieler Kopftuch tragender Frauen auffallend hoch ist – kein Thema, solange die Haare bedeckt bleiben. Den Türken wird vorgeworfen, intensive Kontakte zu ihrer ehemaligen Heimat zu pflegen, türkische Medien zu konsumieren, sich abzuschotten, in Parallelwelten zu leben. Dass beruflicher Erfolg und Zivilisationsgrad, also Schichtzugehörigkeit, in einer pluralistischen Demokratie weitaus bedeutender für den gesellschaftlichen Konsens ist als ethnische und religiöse Zugehörigkeit, wird kaum wahrgenommen.

Der postmoderne Migrant ist aber ein Pendler, und er wird immer ein Pendler bleiben. Das Auswandern ist zugleich auch ein Einwandern ins eigene Leben. Der Migrant in den Köpfen deutscher Integrationspolitiker ist aber ein Auswanderer des 19. Jahrhunderts, der nicht mehr zu sich selbst zurückkehrt, sondern eine andere Identität annimmt. Den Vorwurf, eine Assimilationspolitik zu betreiben, hört man hierzulande nicht gerne. Dabei ist Assimilation keineswegs ein Menschheitsverbrechen, wie es einmal der türkische Ministerpräsident Tayyip Erdoğan auf einem seiner zahlreichen Deutschlandbesuche formuliert hat. Assimilation, die auf Einladung erfolgt und auf Freiwilligkeit beruht, bezeugt die Aufnahmefähigkeit einer Gesellschaft, ist ein Beweis ihrer Offenheit gegenüber Fremden.

Doch assimilieren kann nur eine dominierende Kultur, die die eigene Dominanz nicht als Aus- und Abgrenzungsritual auslebt, sondern als eine zivilisatorische Alternative zur Stammesgesellschaft, als weltoffene Alternative zum nationalen Kulturalismus. Die Deutschen dominieren jedoch schlecht. Und wenn sie es tun, dann unbeholfen und voller Selbstzweifel, wie die vielen immer wieder aufflammenden Debatten um die »deutsche Leitkultur« belegen. Eine Leitkultur, die sich als ein an den Werten der Aufklärung orientiertes zivilisatorisches Wertesystem versteht, hätte den Anspruch, kulturübergreifend zu sein. »Deutsche Leitkultur« aber hat einen nationalen Touch. Deutsche Leitkultur regt sich darüber auf, dass die Nationalspieler nicht deutscher Herkunft die Nationalhymne nicht mitsingen. Die Aufklärung, das Grundgesetz, die Demokratie, die pluralistische Gesellschaft aber haben einen universellen Anspruch, der sich auf ein Wertesystem bezieht, das jedem offensteht, unabhängig von seiner ethnischen, religiösen oder kulturellen Zugehörigkeit. Also spricht man in Deutschland von der Integration, wenn man Assimilation meint. Die Folge ist, dass die Integrationsergebnisse nicht befriedigen können.

Die Erben des »Täterdeutschlands« sehnen sich nach dem Opferstatus. So ist es bequemer, sich in einem Angstgefühl niederzulassen, das die eigene Gesellschaft schwach, ja geradezu wehrlos erscheinen lässt, gegenüber einem aggressiven Islam, gegenüber dem türkischen Eroberer, der ganz in der Tradition seiner Vorfahren früher oder später über das ganze Land einfallen wird.

Am 3. Oktober, dem Tag der deutschen Einheit, öffnen die Moscheen in Deutschland allen interessierten Besuchern ihre Pforten. Diesen »Tag der offenen Moschee« gibt es seit 1997. So wird der Nationalfeiertag Deutschlands auch zu einem bedeutenden Tag für die Muslime im Land. Der Tag der deutschen Einheit ist auch der Tag, an dem sich eine neue, auf deutschem Boden wachsende und in der öffentlichen Wahrnehmung nicht unumstrittene Gemeinschaft bemerkbar macht, nicht als Störenfried, sondern als Teil der Gesellschaft, transparent und öffentlich zugänglich. So weit, so gut. Doch diese Moscheen, die sich am Tag der deutschen Einheit so selbstverständlich wie friedlich öffnen, sind für manche Alteingesessene unheimlich und fremd. Minarette und Moscheen sind zum Kulminationspunkt einer angstbesetzten Debatte der Fremdheit geworden.

Über tausend Gotteshäuser der Muslime gibt es hierzulande bereits. Viele Gebäude sind im Bau. Auch in Großstädten, an zentralen Plätzen, von Weitem sichtbar. Moscheen werden in Zukunft deutsche Stadtlandschaften verändern. Dagegen regt sich Widerstand. Gehört der Islam zu Deutschland? Diese Frage löst Kontroversen aus.

Der Islam ist zu einem Kulminationspunkt des Fremden geworden, der Islam spaltet das Land. Nicht nur in Muslime und Nichtmuslime. Er spaltet Menschen aller politischer Lager in ihrer Einstellung gegenüber dem, was sie als fremd empfinden, gegenüber der Frage der Einwanderung, der Integration von Menschen unterschiedlicher Herkunft in die deutsche Gesellschaft. Dieser Begriff der Integration ist zu einem Reizbegriff geworden, dessen Diskussion emotional überladen ist.

Die Abwehr des Islam mobilisiert das Volk. Diese Abwehr der Alteingesessenen lässt die Muslime im Land nicht kalt. Fast jeder, der muslimische Wurzeln hat, ob gläubig oder ungläubig, praktizierend oder nicht, fühlt sich inzwischen als Muslim angesprochen, als eine potenzielle Gefahr, die die freiheitliche Grundordnung gefährdet.

Der nationale Reflex formuliert immer ein »Wir«, das sich dann aber anderen gegenüber öffnen muss. Das kann nur gelingen, wenn zivilisatorische Errungenschaften nicht national oder kulturell definiert werden, sondern allgemeinmenschlich, kulturübergreifend, transnational. Gerade im Hinblick auf die Muslime in Deutschland wäre das von immenser Bedeutung. Drei Viertel aller Muslime in Deutschland kommen aus der Türkei, einem Land mit einer mindestens hundertjährigen Modernisierungsgeschichte. Ein muslimisches Land mit einer säkularen Tradition und einem eigenen, westlich orientierten Zivilisationsentwurf. Die Türken in Deutschland wären dort leicht abzuholen, wenn man ihre Herkunftsgeschichte innerhalb der Moderne würdigen und anerkennen würde. Doch immer wieder geschieht genau das Gegenteil. Statt an die Errungenschaften der türkischen Moderne zu erinnern und die gemeinsame zivilisatorische Klammer, die verbindet, zu betonen, werden die Türken in ein Islambild gepresst, das sie mit Einwanderern aus anderen islamischen Ländern gleichsetzt, sie allzu oft zu Fundamentalisten und zu einer zivilisationsfernen Gruppe macht. Damit erweist man nicht nur dieser aus der Türkei stammenden Gruppe, die nicht einmal in sich homogen ist, einen Bärendienst, sondern auch den Interessen Deutschlands.

Kulturelle Vermischung ist nicht per se eine Bereicherung, sie ist eine Herausforderung und in unserer Zeit auch eine Selbstverständlichkeit. In Deutschland werden die Fragen der Identität, der Einwanderung und der Integration als Projektionsfläche für Ängste und Sehnsüchte der Mehrheitsgesellschaft missbraucht. Die Massenwanderungen sind ein Phänomen unserer Zeit und werden ein solches Phänomen bleiben. Die Auseinandersetzung mit ihnen müsste erfolgsorientiert und pragmatisch geführt werden. Wir aber haben bislang keine Sprache gefunden, um diese Angst aufzufangen.

Deutschland ist längst keine Stammesgesellschaft mehr. Es ist eine hochmoderne Leistungsgesellschaft. Traditionelle Gemeinschaften projizieren ihren Glanz auf die Vergangenheit, während produktive Gemeinschaften eine Vision für die Zukunft entwerfen. Das Nachkriegsdeutschland, die Bonner Republik, ist heute Geschichte und Projektionsfläche für das erfolgreichste deutsche halbe Jahrhundert, das es je gab – mit seinem Wirtschaftswunder und Aufbau einer funktionierenden Demokratie, seinem vorbildlichen Rechtsstaat und seiner Innovationskraft, die weltweit bewundert wird. Die Deutschen sind nach den Katastrophen des 20. Jahrhunderts vielleicht dünnhäutiger und wehleidiger geworden, aber ihre Maschinen blieben stabil und leistungsfähig wie eh und je. Doch welchen Zukunftsentwurf hat die Berliner Republik, zwei Jahrzehnte nach der deutschen Einheit?

Wir müssen nach Geborgenheitsformeln suchen, Begegnungsnischen einrichten im Wandel. Öffnen müsste sich Deutschland jetzt. Damit tut sich das Land aber schwer. Denn »Aufmachen« müsste eigentlich vom »Aufnehmen« kommen. Das Aufnehmen ist aber Geschichte. Seit fünf Jahrzehnten nimmt Deutschland auf. Vier Jahrzehnte hat es sich dagegen gesperrt. Wäre dem Aufnehmen ein Aufmachen vorausgegangen, hätten wir jetzt eine höhere Auflösungsquote, denn auflösen kann nur, wer aufgemacht hat.

So gleicht der Einwanderungsprozess nach Deutschland mehr einem Einschleichen als einem Eintreten. Das Einschleichen verhindert ein Aufgehen. Denn es produziert Stigma und Verstellung. Das Ankommen wurde über Jahrzehnte auf den Moment des Grenzübertritts reduziert. Irgendwann musste dieser Grenzübertritt als Eindringen wahrgenommen werden – und das geschah spätestens in den 1980er Jahren –, denn das Ankommen fand nicht im Inneren statt, sondern an den Außengrenzen.

Kinder und Enkel von Migranten werden in Deutschland ebenfalls als Migranten betrachtet und auch so bezeichnet. Dieser Sprachgebrauch sagt viel aus über deren Perspektiven und Stellung in der Gesellschaft. Das heißt, auch in der zweiten und dritten Generation steht die Herkunft, gemeint ist damit vor allem die ethnische und religiöse Herkunft, vor der Person, vor ihrer Ausbildung, ihrer Weltanschauung und ihrer Lebensweise. Diese Betrachtungsweise hat sich derart etabliert, dass sie schon gar nicht mehr als ausgrenzend und diskriminierend wahrgenommen wird. Dennoch produziert sie einen Spaltpilz, an dem die Gesellschaft noch lange laborieren wird.

Da wird eine junge Politikerin zur Ministerin in einem Bundesland. Das Erste, was wir von ihr erfahren, ist, dass sie eine Muslimin ist. Als ginge es bei ihrer zukünftigen Tätigkeit um die Bekleidung eines Lehrstuhls an einer theologischen Fakultät. Tatsächlich aber wird die junge Frau Sozialministerin in Niedersachsen. Sie ist Juristin, ihre Eltern stammen aus der Türkei. Sie selbst ist in Hamburg geboren und aufgewachsen. In ihrer Freizeit spielt sie gerne Tennis. Was qualifiziert diese Politikerin für das Amt? Dass sie Muslimin ist?

Der Spaltpilz sitzt tief. Er führt so weit, dass er den einen Gott der monotheistischen Religionen aufteilen will. Dass die Ministerin bei ihrer Vereidigung die Gottesformel benutzt hat, wird zum Diskussionsgegenstand. Es gibt tatsächlich Kirchenväter, die betonen müssen, dass der Gott, auf den sich Frau Aygül Özkan berufen hat, ein anderer ist als der, den sie meinte. Woher sie das alles wissen? Gott wird es wissen, welcher auch immer.

In der Demokratie deutscher Prägung, so scheint es, tut man sich schwer, gesellschaftliche Realitäten anzuerkennen und Psychologien zu hinterfragen. Wie fühlt sich eine Sozialministerin, die in der Öffentlichkeit in erster Linie als Muslimin und nachrangig als Juristin, Ministerin, Tennisspielerin angesehen wird? So viel zum Stigma.

Und wie sieht es mit der Verstellung aus? Auch dafür hat Frau Aygül Özkan ein nachhaltig wirkendes Beispiel abgegeben. Sie hatte eine Meinung. Dürfen Kinder von Migranten in Deutschland eine Meinung haben? Selbstverständlich. Solange sich ihre Meinung mit der Meinung der Milieus deckt, in denen sie sich bewegen. Ein Diskurs, der kritisch mit der eigenen Klientel umgeht, ist also für sie nicht vorgesehen. Weil dem so ist, musste Frau Özkan sich gleich mehrmals entschuldigen. Für ihre Meinung. Bedeutete diese Entschuldigung, dass sie ihre Meinung nun nicht mehr vertrat oder nicht mehr vertreten durfte?

Musste sie sich verstellen, um von ihrer Partei akzeptiert zu werden? Das Verstellen ist eine hohe Kunst, bisweilen ein Minenfeld. Das Kreuz ist eben eine Mine, die in den Köpfen mancher Deutscher immer dann zu explodieren scheint, wenn ein von außen kommender, weil der christlichen Glaubensgemeinschaft nicht angehörender Mensch es so oder so betrachtet. Letztes Jahr traf es den Schriftsteller und Religionswissenschaftler Navid Kermani, dem ein Mann der Kirche vorschreiben wollte, wie er das Kreuz zu betrachten habe. Dieses Jahr Aygül Özkan, die das Kreuz gar nicht betrachten möchte, wenn es in staatlichen Schulen hängt. Immerhin kann man aus diesen Fällen auch lernen. Wenn ihr was werden wollt in Deutschland, preisgekrönt oder reif fürs Ministeramt, dann dürft ihr eins nicht haben: Rückgrat.

Statt sich für ihre vom Bundesverfassungsgericht verbriefte Meinung, Kreuze hätten an den Wänden staatlicher Schulen nichts zu suchen, zu entschuldigen, hätte Frau Özkan auch auf das Amt verzichten können. Aber dann wäre sie wahrscheinlich nicht Politikerin, sondern Gemüsehändlerin geworden.

Es ist sicher kein Zufall, dass proportional auffällig viele Menschen türkischer Herkunft in Deutschland ihr Glück als Selbstständiger zu machen versuchen. Auch die Zahl der Eigenheimbesitzer ist in den letzten Jahren sprunghaft gestiegen. Eine Autarkie, die gestärkt werden muss, weil es zu ihr keine Alternative gibt und sie letztendlich auch dem Land, zumindest wirtschaftlich, helfen wird. Migranten und als solche bezeichnete Menschen, die Nachfahren von Migranten sind, müssen jetzt endlich deutlicher begreifen, was in Deutschland vor sich geht. Sie haben nur eine Chance. An sich arbeiten,

arbeiten und wieder arbeiten, um das kreative Potenzial auszuschöpfen, das in ihnen steckt.

Dabei wird es darauf ankommen, ob ein Gefühl des »Trotzdem« oder des »Dennoch« aufgebaut werden kann. Die Instrumentalisierung und Stigmatisierung durch große Teile der Gesellschaft, ihrer Medien und politischen Entscheidungsträger wird Heimatgefühle auf lange Sicht blockieren. Aber Heimatlosigkeit ist nicht per se ein Nachteil. Sie muss nicht krisenhaft durchlebt werden. Sie kann auch zu einem flexiblen und weltbürgerlichen Selbstverständnis führen, in dessen Kern aber immer ein kritischer Geist, ein vaterloser Geselle steckt. Gerade die Türken mit ihrer stark ausgeprägten Vaterkultur tun sich schwer damit, eine solche Position des losen Vogels einzunehmen und auch zu verinnerlichen. Viele suchen nach Institutionen und Autoritäten, die ihnen ein solches Schicksal ersparen. Das kann die eigene Religionsgemeinschaft sein, die eigene Herkunft, aber auch das deutsche Umfeld, in dem man sich bewegt. Selten ist dieses Umfeld homogen. Vielmehr ist die Fragmentierung der Gesellschaft fortgeschritten, und die Suche nach den Wurzeln der eigenen Identität wird immer mehr zu einer fixen Idee im Kopf. Die Entwurzelung ist ein kulturübergreifendes Phänomen. Sie kann aber in den seltensten Fällen als Bindemittel fungieren, da sie eher Verlustängste auslöst, als den Weg zur Mündigkeit aufzuzeigen. Mündigkeit aber ist immer auch ein Loslassen, ein Sichbewegen in unbekanntem Territorium. Oft auch ein Sprung ins Ungewisse. Mündige und nicht bieder angepasste Migranten sind in der postindustriellen, globalisierten Welt von nicht ersetzbarem Wert. Sie können aber nur in einer offenen, selbstkritischen und neugierigen Gesellschaft reüssieren. In Deutschland findet man sie selten, immer öfter aber im Ausland als Ex-Deutschländer.

Sich anbiedern und verstellen, um Karrieresprünge zu machen, mag dem einen oder anderen in seiner Biografie helfen. Vorbildfunktion hat aber dieses Verhalten nur dann, wenn sich die Mehrheitsgesellschaft entschieden hat, sich nicht zu verändern. Nicht öffnen, sondern so tun, als bliebe alles so, wie es einmal war.

Vielleicht kann sie ja auch nicht anders, diese immer wieder zitierte »Leitkultur der Deutschen«. Denn ihr ist eine weltoffene, kosmopolitische Elite als Akteur weitgehend fremd. Die meisten Türken in Deutschland entstammen einem bäuerlichen Umfeld. Integration in die Bürgergesellschaft würde bedeuten, dass sie sich verstädtern müssten, so wie sie es in der Türkei auch hätten tun müssen. Wo aber sitzt in Deutschland eine bürgerliche Elite, die die Funktion einer Empfangsdame übernehmen könnte, die diesen Menschen die Tür öffnet und sie anleitet? In Deutschland gibt es viele, zu viele Türsteher, aber nur wenige Empfangsdamen. Wer sich nur ein wenig in der Geschichte auskennt, dürfte sich darüber nicht wundern. Dieses Land hat im letzten Jahrhundert fast seine gesamte weltoffene bürgerliche Elite verloren. Wer öfter durch die USA reist, begegnet dort den Kindern und Enkeln dieser Elite. Sie sind amerikanische Staatsbürger.

Festung oder Vorgarten

Das Geheimnis des (welt)offenen Deutschlands

Helmut Schmidt: … Ich sah damals voraus, dass die Deutschen es nicht fertigbringen würden, alle Türken zu integrieren.

DIE ZEIT: *Warum nicht – weil die Deutschen nicht wollten?*

Helmut Schmidt: Weil beide Seiten weder wollten noch konnten.

DIE ZEIT: *Was heißt ›nicht konnten‹?*

Helmut Schmidt: Wir hätten ihnen schulische Bildung geben müssen. Wir hätten ihnen alle möglichen Türen öffnen müssen. Das haben wir aber nicht getan.

DIE ZEIT: *Weil die Deutschen ihr Herz nicht öffnen wollten?*

Helmut Schmidt: Sie konnten nicht und wollten eigentlich auch nicht, denn sie erkannten nicht, dass viele Ausländer auf Dauer hierbleiben wollten. Ich habe die weitere Zuwanderung von Ausländern gestoppt, ganz leise, weil ich keine Ausländerfeindlichkeit provozieren wollte …

DIE ZEIT: *Wie geht das?*

Helmut Schmidt: Erst haben wir die Anwerbung aufgehoben, dann haben wir die Rückkehr in die Heimatländer erleichtert … Unsere deutsche Gesellschaft hat sich nicht ausreichend fähig gezeigt, alle Ausländer wirklich zu integrieren.

DIE ZEIT: Sagen Sie das mit Bedauern oder mit Verständnis?

Helmut Schmidt: Mit großem Bedauern.

Altbundeskanzler Helmut Schmidt spricht in einem Interview im *ZEIT Magazin Leben* vom 6. März 2008 über »Ausländer, die kamen und gingen, und solche, die blieben«. Vor allem aber spricht er in frappierend offener Weise über das Scheitern Deutschlands und der Deutschen als Aufnahmeland von Migranten. Andererseits schreibt er in seinen Memoiren *Außer Dienst*, die noch im selben Jahr erschienen: »Wer die Zahlen der Moslems in Deutschland erhöhen will, nimmt eine zunehmende Gefährdung unseres inneren Friedens in Kauf.«

Die Generation von Helmut Schmidt sah sich mit einer Situation konfrontiert, mit der sie offensichtlich nicht umgehen konnte. Um zu verstehen, welche Hindernisse einer schnellen und erfolgreichen Integration von ausländischen Minderheiten im Wege standen, müssten die geistigen und psychischen Grundlagen dieser Generation, die in einem prägenden Altersabschnitt zwischen dem 15. und 25. Lebensjahr die Nazi- und Kriegszeit erlebten, genauer betrachtet werden. Dieser aus dem Krieg heimgekehrten Generation war das Vertrauen in die Identität als Deutsche gründlich zerschlagen worden, andererseits wurden die Aufbaujahre politisch und ökonomisch außerordentlich erfolgreich gestaltet. Doch die Kluft zur verletzenden Prägung der Niederlage blieb bestehen. Diese hat ein besonderes deutsches Selbstverständnis geschaffen, das mit Fremden nur auf Distanz kommunizieren kann. Einwanderung aber bedeutet, vertraut zu werden mit der Privatsphäre des anderen. Die Gastarbeiter wurden zunächst nur in die Küche geführt und sollten nicht in die Wohnräume des Hauses vordringen. Doch nach einer langen Phase der Küchenexistenz begaben sich immer mehr Gastarbeiter ins Wohnzimmer, und inzwischen sind viele auch im Schlafzimmer des Hauses angekommen. Der gewöhnliche Integrationsprozess macht vor der Privatsphäre des Hauses nicht halt. Ebenso wird auch die Privatsphäre der Einwanderer geöffnet und der allgemeinen öffentlichen Wahrnehmung zugeführt. Dieses Eintreten in die persönlichen Sphären des anderen ist die Basis jedes Zusammenwachsens in einer Einwanderungsgesellschaft. Das Verhältnis zwischen dem »Gastgeber« und seinen »Gästen« blieb viel zu lange distanziert. Für die Gastarbeiter existierte Deutschland jahrzehntelang ausschließlich aus Fabriken und Ämtern. Große Teile der deutschen Bevölkerung taten so, als gäbe es die Migranten nicht. Sie wurden nicht einmal zum Bestandteil der Fiktion. Die Zahl der von Deutschen geschriebenen Gegenwartsromane, in denen man auf Migranten stoßen kann, lässt sich sogar heute noch an einer Hand abzählen. Dagegen wurden sie öfters zum Thema von Sozialdokus. Erinnert sei hier an Wallraffs *Ali* aus dem Jahr 1983.

Deutschland und die Deutschen waren auf eine massenweise Einwanderung nicht vorbereitet. Die Aussagen von Helmut Schmidt, seinem Nachfolger im Kanzleramt Helmut Kohl, aber auch von Publizisten wie Rudolf Augstein haben im Grunde genommen nur eine Stoßrichtung gehabt: »Deutschland ist kein Einwanderungsland.« So hat man versäumt, eine Vertrauenssprache zwischen Einwanderern und Einheimischen aufzubauen. Ohne eine solche Sprache aber kann es nicht zu einer wirklichen Teilhabe in einem Land kommen. Der Einwanderer bleibt ein Fremder, ganz unabhängig von seinem Integrationswillen und -grad. Der Integrationsprozess müsste einhergehen mit einem Bemühen um diese Vertrauenssprache. Und zwar muss das von beiden Seiten aus geschehen, denn nach mehreren Generationen sind die Gastarbeiter von einst längst keine Einwanderer mehr, sondern ein Teil der deutschen Gesellschaft.

Man stelle sich das einmal vor: Zwischen dem Untergang des Naziregimes mit seinen monströsen Verbrechen und den ersten Gastarbeitern, die nach Deutschland kamen, lagen wenig mehr als zehn Jahre. Wie sollten Menschen, die sich nicht einmal ihren Kindern gegenüber emotional öffnen konnten, ihr Land mit Fremden teilen und zu einer Vertrauenssprache fähig sein, die Fremde anspricht und sie aufnimmt? Die Begegnung mit Fremden fordert die ganze Persönlichkeit eines Menschen heraus. Seine Identität kann dabei nicht in den Hintergrund gerückt werden. Sie lässt sich nicht verbergen, nicht ausblenden. Wenn diese Identität gestört ist, wortlos bleibt, kann es zu einer wirklichen Aufnahme nicht kommen. Die Situation lässt sich vielleicht eine Weile mit Höflichkeit überspielen. Letztendlich aber kommt es zu groben und verletzenden Reaktionen. Aus einem unreflektierten Verhältnis heraus kann nur eine Sprache der Irritation, der Entfremdung und der Ausgrenzung entstehen. Sie wirkt nicht als Brücke, sondern als Barrikade zwischen dem Eigenen und dem Fremden.

Über diese Voraussetzungen müsste in Deutschland offener und deutlicher gesprochen werden, wenn über Migration und Integration debattiert wird. Deutschland im Herbst 2010 ist zu einer Republik der Ressentiments geworden. Nicht wenige Deutsche haben das Gefühl, ihr Land werde von Fremden besetzt und umgestaltet. Und sie haben das Gefühl, dass sie dieser Entwicklung tatenlos zusehen müssen. »Ich erkenne mein Land nicht mehr«, ist eine Aussage, die man oft hört. Moscheebauten in Stadtzentren erregen Aufsehen. Die Diskussion um die Länge der Minarette macht deutlich, dass wir längst inmitten einer symbolischen Wahrnehmung um Platz, Macht und Ordnungsstrukturen sind. Wenn sich Fremde Deutschland aneignen, das heißt Deutsch lernen, in der sozialen Hierarchie aufsteigen, dabei aber ihre fremde Symbolik beibehalten, verändern sie Deutschland aktiv. In Sonntagsreden wird immer betont, dass Integration nicht bedeute, die Einwanderer müssten ihre Kulturen aufgeben. Warum drehen sich dann aber die Diskussionen über Einwanderung immer wieder um kulturelle Fragen? Warum zieht man sich immer wieder in fiktive Kulturidentitäten zurück, die zwar in der Wirklichkeit nicht homogen sind, aber als fantasierte Identität die

Emotionen weiter bestimmen und so zu Zugehörigkeits-konstanten werden?

Es wird das Verdienst des ehemaligen Innenministers Wolfgang Schäuble bleiben, seinen Landsleuten deutlich gemacht zu haben, dass der Islam ein Teil Deutschlands geworden ist und bleiben wird. Er berief sich zur Eröffnung der von ihm berufenen Islamkonferenz auf die Tradition der Toleranz im Königreich Preußen. In einem Grundsatzartikel in der *Frankfurter Allgemeinen Zeitung* vom 27. September 2006 zitierte er Friedrich den Großen. Dieser hatte im Jahre 1740 verkündet: »Alle Religionen sind gleich und gut, wenn nur die Leute, die sich zu ihnen bekennen, ehrliche Leute sind; und wenn die Türken (und die Heiden) kämen und wollten das Land bevölkern, dann wollen wir ihnen Moscheen (und Kirchen) bauen.« Doch 250 Jahre später scheint die Toleranz des großen preußischen Königs eine vergessene, zumindest aber schwer vermittelbare Tradition zu sein. Denn sie erreicht die Herzen der deutschen Bevölkerung nur in seltenen Fällen. Der Augenschein, der von lautstarken Kassandrarufen begleitet wird, sorgt für Ängste und Sorgen und ruft in weiten Teilen der Bevölkerung Widerstand hervor.

Der Versuch, die hitzig geführten Debatten zu versachlichen, scheitert, denn im Kern sind diese Debatten emotional besetzt. In ihnen geht es nicht in erster Linie um Sachfragen, über die man sich auf einer Islamkonferenz verständigt. Es geht nicht um praktikable Lösungen alltäglicher Probleme. Die Bevölkerung ist beispielsweise nicht etwa mit der Frage beschäftigt, ob an deutschen

Hochschulen Imame ausgebildet werden sollen. Der Islam an sich wird als eine feindliche, fremde, nicht integrationsfähige Kraft angesehen. Als eine Bedrohung der eigenen Kultur. Urreflexe der Identitätswahrung werden plötzlich wirksam und behaupten sich gegen rationale Argumentationen. Auch deshalb wirkt die Politik so hilflos, denn ihre Mittel sind vor allem rechtliche und administrative Maßnahmen, deren Reichweite in rechtsstaatlichen, demokratischen Ländern auf einen rationalen pragmatischen Grund beschränkt bleiben muss. Wer aber das Gefühl hat, Deutschland würde nun von Menschen besetzt, die ganz anders sind und keinen Respekt vor der Kultur der Mehrheit zeigen, kann mit Integrationsmaßnahmen genauso wenig anfangen wie jemand, der sich gar nicht integrieren will. So verweigern sich Einwanderer und Einheimische gegenseitig und schaffen ein Klima der Angst und des Misstrauens. Verlierer dieser Umstände sind die kühlen Köpfe, die Unaufgeregten und natürlich all jene, die den Begriff der Identität als komplexes, in sich widersprüchliches und dynamisches Konstrukt begreifen, nicht als Statue, die vor Verwitterung und Verunstaltung geschützt werden muss. Aber der Geist ist längst aus der Flasche. Dieser Geist hat sich sogar längst eine Sprache geschaffen, die die sachlichen Debatten über Migration belasten.

Der jahrzehntelang vorgetragenen Lüge, Deutschland sei kein Einwanderungsland, folgt nunmehr die »Integrationslüge«. Diese Lüge basiert auf pauschalen Aussagen wie »Multikulti ist tot«. Eine solche Aussage drückt lediglich den Wunsch aus, sich aus der globalisierten

Welt zurückzuziehen. Sie wirkt nicht aufklärend, sondern beschwörend. Doch der Weg zurück in eine scheinbar homogene Volksgemeinschaft bleibt verstellt, bleibt eine unerfüllbare Sehnsucht. Der Rückzug in die deutsche Parallelwelt von Einheimischen und Migranten, wie er vielen Vertrautheit verspricht, bietet keine Lösung.

Deutschland erlebte jahrzehntelang Einwanderung, ohne ein Einwanderungsland sein zu wollen. Jetzt hat das Land nationale Minderheiten, die sich in einer immer stärker werdenden Diaspora eingerichtet haben. Doch eine Vielvölkerrepublik erscheint den Deutschen wie ein Verlust des eigenen Territoriums an ausländische Mächte. Dieses Gefühl der »Unterwanderung« und der »Überfremdung« hat seine Ankerpunkte. In deutschen Großstädten sind Enklaven entstanden, die als fremd wahrgenommen werden. Die polnischen und russischen Enklaven in der Hauptstadt sind noch klein und bieten weniger Projektionsfläche. Die türkischen in Berlin, Köln und Hamburg aber sind unübersehbar. In der deutschen Hauptstadt kommen noch ein paar Straßenzüge mit arabischem Flair dazu. Auf das ganze Land bezogen ist das alles nicht einmal viel und kaum zu vergleichen mit niederländischen, französischen und britischen Verhältnissen, wo es zahllose Stadtgebiete mit Menschen gibt, die ihre Wurzeln im Ausland haben. Dennoch tragen diese Strukturen inzwischen alle Merkmale einer Diaspora.

Eine Erfolg versprechende Integrationspolitik müsste sich mit diesem Phänomen der Diaspora beschäftigen. Denn Diasporastrukturen lösen sich nicht auf, indem man ihre Auflösung herbeiwünscht, diese verbal verkündet oder so tut, als existierten sie einfach nicht. Inzwischen gibt es in Deutschland Unternehmerverbände, Akademikervereine, Elterninitiativen und Glaubensgemeinschaften, die diese Diaspora vertreten. Doch sie werden von den politischen Entscheidungsträgern bislang mehr an den Rand gedrängt denn als Kooperationspartner ernst genommen.

Wohl kaum jemand möchte heute in einer Festung leben. Dennoch gibt es eine Sehnsucht nach einer übersichtlicheren Welt. So werden Mauern im Kopf errichtet, die zwar nicht den Grenzverkehr regeln können, dafür aber die Idee der Gemeinschaft und der Zugehörigkeit wieder als Abschottungsmechanismus reaktivieren. So meldet sich die Festung zurück.

Man stelle sich einmal ein Deutschland ohne Einwanderung vor. Hierzu braucht man keine Fantasie. Es genügt, durch ostdeutsche Provinzen zu fahren. Sieht so der deutsche Traum aus? Leere Straßen, viele verwaiste Städte und Landstriche, gute Infrastruktur, wenige Menschen? Wo es Menschen gibt, entstehen Probleme, es entsteht aber auch Lebendigkeit. Nur dank der Einwanderer konnte sich die Einwohnerzahl Berlins in den letzten zwei Jahrzehnten stabilisieren. Ohne sie wäre Berlin als Metropole gar nicht denkbar.

Die Bundeskanzlerin teilt den Bürgern mit: »Wir werden uns an mehr Moscheen gewöhnen müssen.« Eine Moschee passt aber nicht zur Kirche. Sie ist gewöhnungsbedürftig. Wie aber würde das in sich ruhende, stimmige Bild aussehen? Es müsste wohl in der Vorstellungswelt erst konstruiert werden. Die Ressource solcher Bilder, die Sehnsüchte nach Harmonie bedienen, ist immer die Vergangenheit. Die Flucht in kulturelle Fundamente, die wie Fixpunkte betrachtet werden. Die Kirchen als Sterne am Himmel, die Orientierung geben sollen? Die Festung ist auch deshalb gefährdet, weil zu viel Leere im Innern entstanden ist. Wenn es um Identitäten und Werte geht, sind immer Gefühle im Spiel. Nüchterne Gesellschaftsanalysen produzieren nur Papier. Die fragmentierte Welt mit ihren Widersprüchen ist keine Quelle der Inspiration mehr, sondern ein bedrohliches Labyrinth geworden.

Es geht längst nicht mehr darum, ob die Ängste vor der Zuwanderung berechtigt sind, sich in Zahlen und Tabellen widerspiegeln und durch empirische Forschung belegen lassen. Wer schert sich um Wissenschaft, um demokratische Streitkultur, um zuverlässige Daten, um Konsens, wenn Stimmungen den Kopf beherrschen, das Denken infiltrieren und zu einem Teil der Identität werden, ohne die keine Festung behauptet werden kann? Doch die deutsche Festung des Jahres 2010 hat mehr Ähnlichkeit mit einem gepflegten Vorgarten als mit einer mittelalterlichen Burg. Gartenzwerge sind wieder in Mode gekommen, seit der Vorgarten sich bedroht fühlt.

Darf ein Land es sich nicht aussuchen, wer auf Dauer dazukommt? Natürlich darf es das. Doch es darf sich anschließend nicht über die Ausgesuchten beschweren. Die Gastarbeiter beispielsweise wurden angeworben. Die meisten von ihnen reisten nicht illegal ein. Sie wurden ausgesucht, weil sie ungebildet, jung und stämmig waren. Mehr als in ihr Maul hat man nicht geschaut. Ja, die Gastarbeiter der ersten Generation, sie waren Auserwählte, sie erschienen vor Kommissionen, die ihnen Arbeitsfähigkeit und Gesundheit attestierten. Keiner von ihnen wurde nach Caspar David Friedrich gefragt. Der wohlmeinende Deutsche sprach mit ihnen in gebrochenem Deutsch. Das Einwanderungsland Deutschland ist mit diesem gebrochenen Deutsch groß geworden. Die Integrationsdebatten von heute erinnern mich von ihrem Niveau her an dieses gebrochene Deutsch, auch wenn inzwischen grammatikalisch korrekt gesprochen wird. Es sind Debatten, die ohne Wissenschaftler und Intellektuelle, eigentlich ohne die geistige Elite des Landes auskommen. Stattdessen gibt es viele Stimmen, die sich als Feierabendschriftsteller betätigen, Berufsprovokateure, die zu Islamexperten mutieren. Wer kennt Deutschlands international anerkannte, erstklassige Islam- und Migrationsforscher, wie Werner Schiffauer oder Klaus J. Bade? Wie viel von deren Wissensfundus fließt in die öffentlichen Debatten? Was kümmert uns die Migrationsforschung in den USA, dem Einwanderungsland par excellence? Auch so kann sich ein Land um seine geistigen Pfründe bringen. Deutsche Integrationsdebatten werden einmal als das bizarrste öffentliche Geschwätz in die Geschichte eingehen, das es je gegeben hat.

Deutschland hat den Hang, sich von der Welt abzusondern. Rasch entsteht ein Gefühl, allein auf der Welt zu sein, mit all ihren Problemen. Naturzerstörung, Klimakatastrophe, überhitzte Märkte, Wirtschaftskrise, angesichts dieser herrscht dieses klammheimliche Gefühl des Heimatverlusts vor, der sowohl körperlich als auch territorial wahrgenommen wird. Dieses Gefühl saugt wie ein Schwamm alle möglichen Ängste auf: forcierter Wettbewerb auf dem Arbeitsmarkt als Folge der Globalisierung, ein unübersichtlicher europäischer Einigungsprozess mit seinen fernen Schaltzentralen, ein Lebenslauf, der Geschwindigkeit produziert und immer weniger Ruhepole anbietet. Vielleicht ist der Mensch weniger flexibel, als er sich selbst zumutet. Viele der Gefahren, die Ängste auslösen, haben mit Einwanderungsfragen nichts oder nicht unmittelbar zu tun. Aber sie werden von diesen aufgefangen und über sie artikuliert. Ängste vor Überfremdung sind inzwischen Lautsprecher für existenzielle Urängste der Moderne. Neu ist dieser Zustand keineswegs. Auch zu Beginn des 20. Jahrhunderts waren Identitätsfragen an die Geschwindigkeit der Modernisierung gekoppelt. Wer auf der Strecke blieb, war besonders anfällig für einen extremen Nationalismus, für Heimatangebote aus dem Reich des Bösen. Dieses Reich kam zwar mit drastischer Sprache daher, war aber im Kern bieder und versprach Ruhe, Homogenität und hierarchische Ordnung. Der Staat ordnete den Geschmack und erforschte die Zugehörigkeit im Blut. Wer glaubt, die Sehnsüchte nach Überschaubarkeit seien mit dem Nationalsozialismus und anderen totalitären Ordnungen untergegangen, unterschätzt ihre Reize.

Herbst 2007. München Hauptbahnhof. Ich verlasse den Zug aus Berlin. Viele Jahre ist es her, dass ich die Stadt meiner zweiten Kindheit während des Oktoberfestes besuchte. Ich komme aus dem Staunen nicht heraus. So viele Menschen in Lodentrachten habe ich während meiner ganzen Jahre in München nicht gesehen. Die wunderbaren Hüte mit Federn, die ich als Kind besonders lustig fand. Und die Dirndln der Frauen, die vor allem die Brust hervorkehren. Alles bunt und fröhlich. Die Münchner haben also angefangen, sich umzuziehen zur Wiesn. Sie tragen jetzt Heimat, zumindest zwei Wochen im Jahr. Auch die Jüngeren. Man zeigt, wer man ist, woher man kommt. Das Bekenntnis zu irgendeiner Tradition fiel meiner Generation schwer. So wurden Traditionen einfach verdrängt. Ende der 1970er Jahre gab es nur zwei Epochen, die Zeit vor 1968 und die danach. Diese Epochen waren wie durch ein Jahrtausend voneinander getrennt. Trachten, Folklore, Religion, das gehörte definitiv in die Zeit vor 1968.

Es gibt eine nicht ausgesprochene Wahrheit: In Deutschland wird die gelungene Integration der Ausländer meistens als Verschwinden fremder oder fremd empfundener Merkmale verstanden. Dabei ist die Integrationsfrage vor allem eine Frage der deutschen Identität, eines über Jahrzehnte klein geschriebenen, gar unterdrückten Nationalgefühls. Wie jede Unterdrückung verschafft sich auch diese von Zeit zu Zeit Luft. Mit Sätzen, die wie folgt eingeleitet werden: »Das wird man doch noch sagen dürfen!« Was dann aber folgt, ist selten eine Lobrede auf das Eigene, sondern eine Schmähung des Anderen. Dabei ist die Integration vor allem eine zivilisatorische Erfahrung. Zumindest in demokratischen, sich pluralistisch und offen definierenden Gesellschaften. Sie bedeutet, sich einzugliedern in ein modernes, demokratisches Gemeinwesen, das sich gerade gegenüber unterschiedlichen Herkünften offen und aufnahmebereit zeigt. Integration in die zivilisatorischen Grundwerte hat nichts damit zu tun, dass keine fremden Sprachen auf der Straße gesprochen werden, und auch nichts damit, dass fremde Gotteshäuser aufgebaut werden. Sie hat aber wohl damit zu tun, dass Menschen nicht diskriminiert werden, nicht wegen ihres Geschlechts, ihrer Hautfarbe, ihrer Herkunft. In Deutschland werden nicht wenige Frauen wegen ihres Geschlechts diskriminiert. Die althergebrachte Tradition aus muslimischen Ländern beschneidet ihre Rechte. Zu Recht wurde die patriarchalisch strukturierte muslimische Lebenswelt deshalb in den letzten Jahren intensiv angeprangert und herausgefordert. Man kann es nicht beschönigen, dass junge Mädchen von ihren Brüdern kontrolliert werden, dass eine rigide Sexualmoral sie einsperrt, sie in ihrer Entfaltung behindert und in einigen Fälle auch ermordet. Diskriminiert werden in Deutschland aber auch junge Frauen, wenn sie sich bewusst für ein Leben mit dem Islam entscheiden. Wenn eine Frau ein Kopftuch trägt, ist es plötzlich nicht mehr interessant, welchen Bildungsweg sie genommen hat, wie viele Sprachen sie beherrscht, wie sie sich selbst definiert. Es gibt in Deutschland eben beides, sowohl die selbstbewusste Muslimin als auch die in ihren Rechten beschnittene, benachteiligte muslimische Frau. Eine Integration, die nicht auf das Verschwinden des Fremden, sondern auf den zivilisatorischen Fortschritt abzielt, würde jene Wege öffnen, die aus der muslimischen Kultur in die Moderne führen. Wege, die in der Türkei beispielsweise millionenfach gegangen worden sind und ein

Land, in dem die Frauen noch vor zwei Generationen zu über 90 Prozent Analphabetinnen waren, in eines verwandelt hat, in dem Frauen überdurchschnittlich viele Spitzenpositionen bekleiden. Die Türkei hatte eine Ministerpräsidentin, hat eine Unternehmensverbandspräsidentin, ein Drittel aller Hochschullehrer sind Frauen, hat viele prominente Journalistinnen, auch in leitenden Positionen. Dennoch steht die Türkei vor einer gewaltigen Integrationsaufgabe. Es handelt sich um die Integration von Menschen, die aus abgelegenen Provinzen in die Großstädte strömen, auf der Suche nach Arbeit und Brot. Es sind Menschen mit ähnlichem Hintergrund wie das Gros der türkischen Bevölkerung in Deutschland. Und die Probleme, die auftauchen, sind ebenfalls vergleichbar. Die deutsche Integrationsdebatte hat also durchaus einen Adressaten, den sie aber beharrlich ignoriert. Es scheint mitunter so, als würde der Zivilisationsentwurf der Türkei – eine der großen Kulturrevolutionen der Menschheitsgeschichte – nicht nur außer Acht gelassen, er wird sogar als störend empfunden. Denn dieser Entwurf konterkariert die mächtigen Bilder des Kampfes zwischen den Kulturen: hier das christliche Abendland, dort die rückständige Kultur des Islam, aus der es keine Befreiung gibt. Für diesen Kulturkampf gibt es zwar einige Protagonisten, die sich als Feldherren der Aufklärung oder des traditionellen Islam positionieren, aber eigentlich gibt es für sie kein Schlachtfeld. Es sei denn ein virtuelles, das sich in den Köpfen befindet. Auf diesem virtuellen Schlachtfeld veranstalten wir nun unsere Ritterspiele und verwechseln dies mit einer Integrationsdebatte.

Mein erster Türke in Deutschland – ein Fremder

Über das Markieren von Grenzen

Ali hieß er und war der erste Türke, dem ich in Deutschland begegnete. Gastarbeiterwelt des Jahres 1970. München, Marsstraße, Wohnheim einer Brotfabrik. Ein Altbau mit Holztreppen. Grau ist die alles beherrschende Farbe. Marsstraße aber weckte ihrem Namen nach in mir die Sehnsucht nach Ferne, nach unbekannten Welten. Ich dachte an Raumschiff Enterprise, an Wesen aus anderen Galaxien.

Tatsächlich begegnete ich auch in der Gestalt des Bäckers Ali und seiner Frau Kezban, einer pausbackigen Anatolierin mit üppigen Rundungen, zwei Menschen, die zwar aus demselben Land gekommen waren wie ich, mir aber fremder erschienen als die deutschen Nachbarn in unserer Neubauwohnung im Süden Münchens. Dasselbe Volk, dasselbe Land und dieselbe Religion produzieren selbstverständlich vollkommen unterschiedliche Individuen. Deshalb gründen sich moderne, weltoffene Bürgergesellschaften nicht auf einer Volks- oder Glaubensgemeinschaft. Ihr Atom ist der Bürger, das Individuum, das wiederum in zahllose einander nicht gleichende Teilchen zerfällt. Diese Teilchen sind in ständiger Bewegung, berühren und verändern einander.

Doch der Einzelne braucht auch die Gemeinschaft, nicht nur der sozialen Absicherung wegen. Moderne Gesellschaften werden durch Interessengemeinschaften geprägt. Die Herkunft spielt dagegen eine sekundäre Rolle. Die Nation ist keine Familie. Selbst die Familie ist kein Garant für ein enges Miteinander mehr. Man kann diesen Zustand beklagen, mit Nostalgie und Sehnsucht aufladen, aber würde man ihn verändern, also beispielsweise in der Herkunft oder im religiösen Glauben den wichtigsten Faktor des Zusammenhalts sehen, käme man in eine untergegangene Welt, in der vor allem Leichen zu Hause sind. Es sind die millionenfachen Leichen der Glaubenskriege, Opfer der nationalistischen Exzesse des 19. und 20. Jahrhunderts. Fast jede Nation der Erde hat einen solch blutigen Schoß.

Das Markieren des Fremden, wie es in Deutschland inzwischen tagtäglich geschieht, ist der erste Schritt in eine Welt von gestern. Da wird aus einer Ministerin, deren Herkunft nicht deutsch ist, schnell eine muslimische Ministerin. Bei Angela Merkel aber würde kaum jemand auf den Gedanken kommen, von der evangelischen Kanzlerin zu sprechen oder gar jede Einblendung ihres Namens im Fernsehen mit diesem Adjektiv zu versehen.

Die berufliche Qualifikation, der Lebensstil, die Weltsicht und die persönlichen Interessen bringen die Menschen zueinander. All diese Faktoren bilden sich im Laufe des Lebens aus. Straßengangs sind in Deutschland längst international. Operngänger auch. Bienenzüchter können sich bestens über ökologische Probleme unterhalten und über das rätselhafte Verschwinden ihrer Bienenvölker. Auch Jäger verstehen sich untereinander bestens. In einem Bericht über den ersten türkischen Jäger Berlins, Erdem Yalcindag, stellt die Reporterin der *tageszeitung* die Frage, ob die Nationalität in der Welt der Jäger ein Thema sei. »Nein«, lautet seine spontane Reaktion, »Wir Jäger verstehen uns. Unsere Ansichten sind gleich – völlig egal ob Türke, Deutscher oder Amerikaner.« Warum gelingt das, was im Revier funktioniert, nicht oder nicht so gut in den Ministerien, den Medien und den Schulen? Woher kommt dieses ständige Anlehnen an einen Stammbaum, der längst keine Früchte mehr trägt? Die Neugier, woher jemand kommt, ist selbstverständlich in Ländern, die von Einwanderern gegründet wurden. In den USA beispielsweise. Der Lebensweg vieler Menschen weist über die Grenzen der Vereinigten Staaten hinaus. Zugehörigkeit schließt diesen Lebensweg mit ein.

In Deutschland aber erscheint dieser Lebensweg von seinen Wurzeln manchmal seltsam abgekappt. So kann ohne Weiteres über Einwanderer aus der Türkei diskutiert werden, als wären sie mehrheitlich bereits deutsche Staatsbürger. Über zwei Drittel von ihnen haben ihre türkische Staatsbürgerschaft nicht abgelegt. Nicht wenige denken auch gar nicht daran, dies zu tun. Nicht nur ihr Lebensweg, auch ihre Lebenssituation ist viel enger mit der Türkei verknüpft als angenommen. Die Türkei wiederum ist aber in Deutschland nur ein Thema, wenn es um die umstrittene EU-Mitgliedschaft geht. Dabei gibt es längst eine Türkei in der deutschen Innenpolitik und der Kulturpolitik. Moscheebauten und Bildungspolitik, keines dieser Themen ist nur national zu betrachten, denn eine wachsende Anzahl privater Schulen und Moscheen in Deutschland werden von der Türkei aus gegründet, mitverwaltet, mitgestaltet, zumindest mitgefördert.

Der Lebensweg, der nach Deutschland führt, macht aber oft auch an einer unsichtbaren Grenze halt, die undurchlässiger zu sein scheint als die Staatsgrenze, die die Fremden passieren ließ. Es ist eine Wesensgrenze, über die in Deutschland niemand offen spricht. Eine Mischung aus Gemüt und Mentalität, die sich in der Geschichte vor allem in der Musik und in der Philosophie ausgedrückt hat. Wer Deutschland nur als Wirtschaftsmacht oder als Land der Forschung wahrnimmt, deutsche Automarken und Industrieprodukte schätzt, aber die ordnenden Strukturen hinter der Produktivität nicht wahrnimmt, übersieht die Arbeitsmentalität und den Hang zum sicheren Abstecken von Grenzen und Wegmarken, die Ordnung schaffen sollen. Die Deutschen haben sogar den wirtschaftlichen Liberalismus mit dem Konzept des Ordoliberalismus in einen ordnenden Mantel gekleidet.

Im Ausland werden die deutschen Tugenden durchaus wahrgenommen, mal mit Neid, mal mit Furcht, aber auch mit viel Respekt. Die eigentliche Frage, die sich heute stellt, ist, ob und wie viel Zuwanderung die Marke Deutschland verträgt. Denn sie verändert sich offensichtlich durch eine starke Zuwanderung. Dabei geht es vor allem auch um Hierarchien. Der Hilfsarbeiter am

Fließband war nicht zufällig die über Jahrzehnte vom Ausland angeforderte Arbeitskraft. Der Ingenieur aber wanderte in andere Länder ein. Seit Jahren ist Deutschland Schlusslicht bei der Anwerbung von Fachkräften, obwohl die Industrie dringend nach ihnen ruft. Und auch die im Land ausgebildeten Experten nicht deutscher Herkunft wandern gerne wieder aus. Zumindest spielen viele von ihnen mit diesem Gedanken. Woran scheitert die Aufnahme, die Eingliederung der bestens Integrierten? Wieso tauchen sie in Integrationsdebatten, wenn überhaupt, nur am Rande auf?

In Deutschland drängt sich Herkunft nach wie vor als fast unveränderbare Konstante vor die Person. Mühsam sind die Versuche, jene Menschen, die nicht als Deutsche wahrgenommen werden, aufzunehmen, dazuzuzählen. Wo es gelingt, wird schon fast eine Feier daraus, wo es nicht gelingt, werden die Ursachen nicht in der Person ergründet, sondern in dem Kollektiv, dem diese Person angeblich angehört. Mal ist dieses Kollektiv eine Nationalität, mal eine Religion. Dabei kommt es längst nicht mehr auf Feinheiten an. Ob ein Araber aus dem Irak, aus dem Libanon oder aus Marokko stammt, ist letztlich egal. Er ist Araber. Genauso wenig ist es relevant, ob ein Muslim Sunnit oder Alevit, vielleicht gar Agnostiker oder Atheist ist. Bei Kollektivzuschreibungen geht es nicht um persönliche Lebensgeschichten, es geht um Bildkompositionen, die dazu dienen, sich von jemandem zu distanzieren, seine Verschiedenheit zu markieren, seine Andersartigkeit zu definieren, indem man ihn in ein Kollektiv einbettet.

Diese Definitionsgewalt der Mehrheit über das Kollektive der Minderheiten ist eine Machtfrage. Aber fast immer erweist sich diese als Bumerang. Die definierende Mehrheit wird selbst als Kollektiv wahrgenommen. Gruppen können nicht sprechen, aber angesprochen werden. Wenn Einzelne aus diesen angesprochenen Gruppen zu sprechen beginnen, dann antworten sie nicht mehr einem anderen Individuum, sondern einer anderen Gruppe.

Ali und Kezban bewohnten ein einziges Zimmer, das Klo war draußen auf dem Gang, auch im Winter unbeheizt. Im Zimmer war es eng, die Möbel passten nicht zueinander, an der Wand hingen zwei bunte Teppiche, keine anatolischen Teppiche mit klassischen Mustern, sondern maschinengewebte, die man in Deutschland in sogenannten Exportgeschäften kaufen konnte. Die beliebtesten Muster auf diesen Teppichen waren die Kaaba in Mekka und später auch die Bosporusbrücke, jene Hängebrücke in Istanbul, die Europa mit Asien verbindet. Bei Ali und Kezban an der Wand hing die Kaaba, und Ali betete fünf Mal am Tag. Mein Vater betete auch fünf Mal am Tag. Wenn sie beteten, wurde der Fernsehapparat leise gestellt, besonders ärgerlich, wenn gerade ein Western lief oder *Flipper*, jene Kinderserie, deren Held ein Delphin war.

Die regelmäßige Nachtschicht hatte Alis Haare grau werden lassen, so dass er viel älter wirkte, als er war. Tatsächlich dürfte er damals um einige Jahre jünger als mein Vater gewesen sein. Denn er nannte meinen Vater *abi*, was so viel bedeutet wie älterer Bruder.

Ich war jedes Mal erleichtert, wenn die Besuche bei Ali und Kezban vorüber waren und wir in unsere luftige Wohnung zurückkehrten, wo es keine maschinengewebten Teppiche gab und ich ein eigenes Zimmer hatte, in das ich mich jederzeit zurückziehen konnte.

Anfang der 1980er Jahre kehrten Ali und Kezban in die Türkei zurück, so wie viele Hunderttausend Gastarbeiter der ersten Stunde auch. Sie hatten genug Geld gespart, um eine neue Existenz in ihrer Heimat aufzubauen. Die meisten Rückkehrer behielten Deutschland in guter Erinnerung: harte Arbeit, graue Haare, viel Heimweh, aber auch gutes Geld, jene DM-Scheine, die in vielen Menschen auch heute noch nostalgische Gefühle auslösen, wenn sie irgendwo auftauchen. Besonders beeindruckend war der bräunliche Tausender, damals schon fast ein kleines Vermögen in der Türkei. Zehn solcher Scheine zahlte der deutsche Staat in den frühen 1980er Jahren an die Rückkehrwilligen. Der Arbeitsmarkt sollte entlastet und die hohe Zahl der Ausländer im Land, damals 4,6 Millionen, reduziert werden. Diese Rückkehrprämie versüßte den Abschied von Deutschland für mehr als dreihunderttausend Türken. Doch wer da eigentlich ging und wer blieb, wurde nicht weiter hinterfragt.

Wer Anfang der 1980er Jahre in seine Heimat zurückkehrte, hatte es meistens geschafft. Denn ohne eine finanzielle Absicherung war die Rückkehr in die viel ärmeren und sozial unterentwickelten Herkunftsländer praktisch unmöglich. Also blieben vor allem jene, die sich nicht leisten konnten zu gehen. Manche blieben auch, weil die

D-Mark dem deutschen Staat locker in der Tasche saß. Sie blieben nicht, weil sie Deutsche werden wollten oder an einen sozialen Aufstieg in Deutschland dachten. Sie blieben auch, weil sich Deutschland in ihrem Lebensumfeld leicht in eine Kopie der fernen Heimat verwandeln ließ, ein Straßenzug hier, ein Hinterhof dort. Die Gegend, in der sich Ausländer angesiedelt hatten, wurde nach und nach von Deutschen verlassen. Es blieben vor allem jene Menschen zurück, die es sich nicht leisten konnten wegzuziehen. An manchen Orten verwandelte sich Fremdheit in Heimat, doch diese Heimat der Anderen war und blieb den Deutschen fremd. Nicht wenige deutsche Omas und Opas sind so im Laufe der Jahre in ihren Kiezen vereinsamt. Auch wenn der Grund ihrer Einsamkeit nicht nur in den vielen fremden Menschen, mit denen sie ihre Häuser teilten, zu finden war. Manchmal bot ihnen diese neue Umgebung sogar Geborgenheit. Aber nicht immer. Denn mit der Welt dieser Migrantenviertel wurden nicht die Bildungsbürger und die politischen Entscheidungsträger konfrontiert, sondern der Mensch mit einer kleinen Rente, jene Schicht, die sich am unteren Ende der Einkommensskala befindet.

In seiner Regierungserklärung von 1982 hatte Bundeskanzler Helmut Kohl die Integration jener Ausländer angekündigt, die auf Dauer in Deutschland leben wollten. Doch was in den 16 Jahren seiner Kanzlerschaft folgte, war genau das Gegenteil. Kohl wurde nicht müde zu betonen, Deutschland sei kein Einwanderungsland. Eine fördernde und fordernde Integrationspolitik, die damals sinnvoll gewesen wäre, wurde nicht einmal in

Ansätzen verfolgt. Die deutsche Staatsbürgerschaft, die sich weiterhin an der Abstammung orientierte, wurde für Menschen anderer Herkunft nicht geöffnet.

Kein Politiker agiert bewusst gegen die Interessen seines Landes und der Bürger, die ihn gewählt haben. Helmut Kohl war ein deutscher Patriot und ein überzeugter Europäer. Dennoch waren die 1980er und 1990er Jahre in Deutschland geprägt von zwei mächtigen Blockaden, die nicht im Interesse Deutschlands lagen. Zum einen verhinderte das immer wieder artikulierte Gefühl der Überfremdung, dass in dem von Innenminister Friedrich Zimmermann (CSU) Mitte der 1980er Jahre formulierten Entwurf für ein neues Ausländergesetz Deutschland als Einwanderungsland definiert wurde. Man hoffte auf die Rückkehr der Ausländer, was allerdings die negative demografische Entwicklung nur beschleunigt hätte. Zum anderen traute man sich nicht, über zivilisatorische Defizite der Anderen offen zu sprechen. Man ignorierte sie einfach. Beide Blockaden hatten ihre Ursachen in der deutschen Geschichte, in der Verunsicherung, die durch den Zivilisationsbruch der Nazis entstanden war und die für eine hohe Fragilität in der Selbstwahrnehmung der Deutschen gesorgt hatte.

Nationen neigen zu Mythenbildung, wenn es um ihre Geschichte geht, Nationalidentität wird nicht selten auf Geschichtsfälschungen konstruiert. In Deutschland aber wurde die Gegenwart zum Mythos. Das auf die Geschichte nicht mehr projektierbare Nationalgefühl wird in Gegenwartsfragen ausgelebt, aber eben nur halbherzig, widersprüchlich, mit Komplexen beladen. Ohne die Lösung dieses »deutschen Knotens« ist ein Fortschritt in den Integrationsfragen vielleicht technisch möglich, aber nicht emotional. Eine Gesellschaft, die von Überfremdungsängsten geplagt wird und keine adäquate Sprache für diese Ängste findet, um sie anderen mitzuteilen, wird früher oder später zum Sperrbezirk.

Aus ehemaligen Gastarbeitern in Deutschland wurden keine Einwanderer. Man kann nicht zweimal in dasselbe Land einwandern. Doch man kann vom Gastarbeiter zum Siedler werden, zum Siedler, der Kolonien außerhalb seines Landes gründet. Nichts anderes ist in Deutschland in den letzten dreißig Jahren nach der ersten großen Rückkehrwelle geschehen. Das ist weder erstaunlich noch besonders erwähnenswert. Vielleicht bietet dieser Zustand, der von manchem deutschen Zeitgenossen albtraumhaft wahrgenommen wird, denn die Einwanderung wird ja nicht selten wie eine Kolonisierung des eigenen Landes empfunden, sogar Chancen, die heute nicht gesehen werden. Chancen für ein modernes, weltoffenes, europäisches Deutschland. Chancen für ein Land, das die Herausforderungen der Globalisierung im 21. Jahrhundert erfolgreich meistert.

Ein Land, in dem deutsche Staatsbürger leben, die nicht nur Deutsche mit verschiedenen Wurzeln sind, sondern auch solche, die nach mehreren Generationen Ausländer geblieben sind und bleiben wollen. Eine solche Integrationspolitik konzentriert sich nicht auf die Frage der Zusammengehörigkeit, die Frage der Identität, auf den Verlust des Heimatideals, sondern auf die Probleme der Integration, die bekannterweise vor allem in der Bildungspolitik liegen und zivilisatorische Fragen aufwerfen.

Es gibt eben die Quartiere mit den Problemschulen, den Alltagsproblemen der bildungsfernen, einkommensarmen Schichten. Deutschland ist das Land der Ideen, ein Land der Bildung. Hier liegt ein enormes Potenzial für ein positives, attraktives und traditionell gefestigtes Selbstbild. Gäbe es nicht dieses Bildungsabseits für ein Drittel der Jugendlichen in diesem Land.

In den 1980er Jahren war es gang und gäbe, dass viele Gastarbeiter ihre Kinder wieder nach Hause schickten, um ihnen das Schicksal der deutschen Hauptschule zu ersparen. Heute kann man eine Generation Deutschländer in der Türkei antreffen, eine kreative, gut ausgebildete, mehrsprachige Generation, die sich kräftig am türkischen Wirtschaftswunder beteiligt. Solange wir nicht wahrnehmen, dass mit dieser Generation ein großer Verlust für die deutsche Gesellschaft einhergeht, werden wir Einwanderung auch in Zukunft nicht erfolgreich gestalten können. Viele Fragen wären hier an das dreigliedrige deutsche Bildungssystem zu richten, das für eine Verhärtung von sozialen Schichtengrenzen sorgt.

In der modernen Welt gibt es keine kulturelle Integration, die mit in sich geschlossenen Kulturkreisen beschrieben werden könnte. Es gibt lediglich Arrangements, die ein Zusammenleben, ein Zusammenwirken leichter oder mühsamer machen, effektiver oder unproduktiver. Demokratische Entscheidungsprozesse, das Austarieren von Interessen, die komplexe Vernetzung zwischen den Institutionen und das permanente Überschreiten von Grenzen erlauben keine Fixpunkte mehr, auf die man sich beziehen könnte, um Halt zu finden, kein Anlehnen, kein Ruhen. Umso stärker wird die Sehnsucht nach Glaubensgemeinschaft, Staat und Volksgemeinschaft – die Institutionen der Vergangenheit – begleitet von einer Schwäche der Parteien, Gewerkschaften, Schulen – den Institutionen der modernen Welt. In einer Zeit, in der alle zwei Jahre eine neue technologische Revolution ausgerufen wird, in der Güter und Menschen ständig in Bewegung sind, ist die Frage, wo man zu Hause ist, mitnichten nebensächlich. Wo und wie wird die Sehnsucht nach einer festen Adresse, nach Wiedererkennungsmerkmalen aufgefangen? Bodenständigkeit wird in einer wachstumsorientierten Gesellschaft zum Belastungsfaktor. Vielfalt bedeutet aber nicht Beliebigkeit. Sie braucht Orientierung und eine feste Wertestruktur.

Mustafa Kemal, dem Staatsgründer der Türkei, wird der Ausspruch nachgesagt, dass es viele Kulturen, aber nur eine Zivilisation gibt. Es gibt demnach auch keine deutsche Leitkultur, in die sich andere integrieren müssen. Wohl aber eine Zivilisation auf der Basis universeller Werte, ein zivilisatorischer Prozess, der durch die Aufklärung und die Säkularisierung eingeleitet worden ist. Sie ist die bindende Kraft in einer offenen, pluralistischen Gesellschaft. Integrieren müssen sich die Menschen in diese eine Zivilisation, egal ob sie in der Türkei, in Deutschland oder in Frankreich leben. So gesehen geht jedem zivilisatorischen Sprung ein Assimilationsprozess voraus. Daran ist nichts Verwerfliches. Im Gegenteil: Dieser Zivilisationssprung ist der Garant für ein friedliches

Zusammenleben, der Garant für die Einhaltung universeller Menschenrechte, der Garant für das Funktionieren einer ethnisch, religiös und kulturell fragmentierten Gesellschaft, und fragmentiert sind alle modernen Gesellschaften, nicht nur Deutschland.

Aus der selbstverständlichen Fragmentierung im Alltagsleben hat man in den Integrationsdebatten Parallelgesellschaften konstruiert und ihnen eine negative Funktion zugeschrieben. Bei dieser Konstruktion geht es aber nicht darum, Missstände in der Gesellschaft zu benennen und zu beheben. Vielmehr drückt sie eine Sehnsucht nach einer ethnisch und kulturell homogenen Volksgemeinschaft aus, die nur dann zu funktionieren scheint, wenn alles, was als fremd wahrgenommen wird, innerhalb einer überschaubaren Zeit verschwindet. Wenn etwas nicht zu verschwinden droht, mag es auch so Unterschiedliches sein wie z. B. die türkische Sprache oder die Moschee, werden Angst und Abwehrpotenziale freigesetzt. Eine homogene Gesellschaft gehört aber nicht mehr in unsere Welt. Sie ist Produkt einer rückwärtsgewandten Fantasie und vor dem Hintergrund der deutschen Geschichte mehr als problematisch.

Dennoch sind solche Angst- und Abwehrmechanismen ernst zu nehmen. Denn sie belasten das Zusammenleben und verhindern die Öffnung der deutschen Mehrheitsgesellschaft gegenüber den Fremden. Sie blockieren auch eine erfolgreiche und effiziente Integrationspolitik. Einwanderungsfragen gehören in den hoch technisierten und rationalisierten Gesellschaften zu jenem Feld, in dem sich Emotionen noch Luft verschaffen

können. Mit Integrationsprogrammen und komplizier-
tem Amtsdeutsch sind die Folgen der Einwanderung
nicht zu bewältigen. Denn die Gefühle, die Eindrücke
und Urteile dominieren, sind unsichtbar und körper-
nah wie Pulsschläge. Sie folgen nicht der Logik, die man
rational entschlüsseln kann. Sie sind die Kehrseite der
sinnlichen Wahrnehmung, verhalten sich in etwa so, wie
Musik sich zur Sprache verhält. Emotional, sinnstiftend
und nicht selten die Logik der Sprache unterlaufend. Ein
schleichender Gang in die Tiefe, zu einer vom Bewusstsein verdrängten Schicht der menschlichen Existenz.

Wir sind dabei, Zeugen eines seltsamen Phänomens
zu werden. Wichtige, harte Entscheidungen, die unbedingt getroffen werden müssten, um die Bildungserfolge
und den sozialen Status der Einwanderer zu verbessern,
werden durch die Ethnisierung und die kollektive Art
der Wahrnehmung blockiert. Ist Aufklärung darüber
nötig, dass Menschen nicht identifizierbar mit Gruppen
sind, die national oder religiös definiert werden? Es gibt
lediglich Schnittmengen, aber niemals eine gänzliche
Übereinstimmung. Dem Einzelnen wird überhaupt nicht
geholfen, wenn er nur als Teil einer bestimmten kollektiven Identität wahrgenommen wird. Im Gegenteil: Es
werden lediglich Maßnahmen, die auf individueller Ebe-
ne durchsetzbar wären, diffamiert und undurchführbar,
wenn sie auf Gruppen zielen. Kriminelle Tatbestände
oder Verstöße gegen Gleichberechtigung von Männern
und Frauen sind fallbezogen und individuell zu verfolgen
und zu sanktionieren. Stattdessen aber sitzt der Islam
auf der Anklagebank, der weder angeklagt noch abge-

straft werden kann. Die Gründe für diese Argumentationsstruktur sind nachvollziehbar. Durch sie wird eine Vereinfachung komplexer und widersprüchlicher Zusammenhänge hergestellt, die einer Individualisierung der auftretenden Probleme nicht standhalten kann. Die Folge sind endlose Migrationsdebatten mit steigendem Konfliktpotenzial, nicht aber praktische und praktikable Lösungen.

Zuhause in der Fremde

Über Heimat, die sich abschafft

Aufgehobensein. Dieser Begriff hat einen doppelten Sinn, eine doppelte Botschaft. Er strahlt Wärme aus, ein Gefühl von Zuhause, Heimat, Zugehörigkeit. Aber auch Verschwinden und Verlöschen. Der Einwanderungsprozess im 21. Jahrhundert kommt mit immer weniger Aufgehobensein aus. Dies drückt sich zum einen durch die geschwächten assimilatorischen Kräfte der Einheimischen aus als auch durch eine schwieriger gewordene Heimfindung der Eingewanderten. Hinter der Assimilationserfahrung des 19. Jahrhunderts stand die zivilisatorische Anziehungskraft des Westens. Diese wurde angefeuert durch das Bürgertum und seine Bildungsideale. Inzwischen ist die Krise des Bürgertums und der Bildungsinstitutionen in aller Munde. Einwanderung führt nicht mehr zu einer endgültigen Scheidung wie einst, sie führt zu einer Doppelbeziehung. Viele Menschen fühlen sich einer doppelten Heimat zugehörig. Zu zwei sehr verschiedenen Ländern, Kulturen und Traditionen.

Die Präsenz von Menschen, deren Sprachen changieren und deren Identitäten vielschichtig sind, provoziert nicht nur die Gemeinschaftsidee. Was die Gesellschaft solidarisch macht, hat sicher auch mit dem Sicherkennen im anderen zu tun, sich ähnlich fühlen, sich angleichen. Diese Prozesse des Angleichens werden heute mit dem Begriff Integration kaum noch beschrieben. Denn dieser Begriff fußt immer noch viel zu sehr auf einer statischen Wahrnehmung von Identität und Gemeinschaft. Er thematisiert kaum die Fragen von Loyalität und Verrat, die durch hin und her wechselnde Zugehörigkeiten aufgekommen sind. Wo man zu Hause ist, sagt nicht zwangsläufig etwas darüber aus, wohin man gehört. So werden oft Zuschreibungen bemüht, um jene Identitäten, die im Fluss sind, an einem sicheren Hafen festzumachen. Doch somit wird auch die Dynamik unterbunden, die jeder fließenden Identität innewohnt. Eine Dynamik, aus der die Gesellschaft viel Energie gewinnen kann, die für einschneidende Veränderungen notwendig ist. Viele europäische Gesellschaften haben aber inzwischen ein Übermaß an Sitzfleisch angesetzt, sich in einem bewegungsfeindlichen Zustand eingerichtet. Das hat sicher auch mit dem erreichten Wohlstandsniveau zu tun. Die Unbeweglichkeit aber kreiert zusätzliche Ängste gegenüber jenen, die sich bewegen. Besitzwahrung und Besitzansprüche werden immer wieder zur Identitätsfrage, zu einer Überlebensfrage für das Bestehende, das bewahrt werden soll. Fragen der Besitzwahrung betreffen nicht nur die Sozialgesetzgebung. Sie sind auch Fragen, die die Beziehungen zwischen Staat und Individuum, zwischen der Gemeinschaft und dem Einzelnen beschreiben.

Die Verhältnisse in einer bikulturellen Umgebung sollten nicht verklärt werden. Aber sie sind vorhanden. Und es fällt uns schwer, sie zu beschreiben. Diese Verhältnisse sind wahrscheinlich besser in der Literatur und in der Kunst einzufangen als in soziologischen Studien, die von Statistiken ausgehen müssen. Diese Statistiken stützen sich auf Zuschreibungen, die von klaren, eindeutigen Identitäten ausgehen, Muslime, Araber, Türken, junge Männer, Frauen etc. Doch diese Identitäten sind mitnichten eindeutig. Macho-Männer können muslimische Namen tragen und gleichzeitig fast nichts über den Islam wissen. Eine ultraorthodoxe islamische Familie aus der Türkei kann eine kurdische Familie sein. Aber in der dritten und vierten Generation gibt es kaum noch Einwanderer, die nicht eine mehr oder weniger große Schnittmenge mit dem Deutschsein aufweisen. Dieses Deutschsein ist inzwischen auch ein Lebensgefühl. Es hat mit einem reduzierten Aufgehobensein in der unmittelbaren Lebenswirklichkeit zu tun. Wie gesagt, dieses Aufgehobensein ist nicht eindeutig, es ist oft zwischen den beiden Deutungen des Begriffs stehen geblieben, zwischen der Wärme, der Zugehörigkeit und dem Verschwinden, dem Verlöschen. Eine mäßig warme Heimat, in der viele Erinnerungsreste an die Herkunftskultur vorhanden sind. Der Umgang mit den Resten zählt zu den wichtigsten Herausforderungen in unserer Zeit, sowohl für Einheimische als auch für Einwanderer. Aus diesen Resten formt sich langsam, aber unaufhaltsam eine neue Identität, ein Neudeutsch, eine Schnittmenge aus der Gegenwart und der Herkunft. Doch wenn sich das

»Deutsche« und die »Herkunftskultur« nicht mehr denken lassen, keine Projektionsfläche mehr bieten und als Referenzen nicht mehr inspirieren, entsteht eine Identitätskrise, die die Persönlichkeit destabilisieren kann. Die Möglichkeiten des Deutschseins als eine Quelle der Aufklärungsidee auszuloten, aber auch um Referenzquellen aus der Herkunftskultur zum Beispiel eines anatolisch geprägten mystischen Islam zu erweitern, könnte der deutschen Identität neue Dimensionen erschließen und die türkische in Deutschland heimfinden lassen.

Die Assimilierung dagegen ist ein biografischer Prozess, der eine Auswanderung auch aus der eigenen Familiengeschichte bedeutet. Die Ausgewanderten entfernen sich in wenigen Generationen aus dem ursprünglichen Familienverband. Verwandte in der alten Heimat werden zu Fremden. Sie sprechen eine andere Sprache. Sie feiern, trauern und erleben die existenziellen Erfahrungen des Lebens anders. Durch Assimilierung wird der Einfluss der eigenen Herkunft minimiert. Zusätzlich beginnt man die Herkunftskultur durch die Brille der Mehrheitsgesellschaft wahrzunehmen. Offensichtlich findet eine solche Assimilation heute kaum noch statt. Übrigens auch in den klassischen Einwanderungsländern nicht. So führte die lateinamerikanische Zuwanderung in die USA im letzten halben Jahrhundert zu einer hispanischen USA, vor allem in den südlichen Staaten. Der erleichterte Reiseverkehr verbindet die Familien über die Grenzen hinweg.

Doch selbst wenn Assimilationserfahrungen aus der deutschen Geschichte bemüht werden, um heutige Verhältnisse zu bewerten, werfen solche Vergleiche viele Fragen auf. Die Assimilation der Polen und der Juden im 19. Jahrhundert führte zu zwei grundverschiedenen Erfahrungen. Die auffallend vielen Namen polnischen Ursprungs im Telefonbuch mancher nordrheinischer und westfälischer Städte stehen den vielen Namen auf den Tafeln der KZ-Gedenkstätten gegenüber.

Statt unausgesprochen von der »guten alten Assimilation« zu träumen, werden sich die Identitäten der Einheimischen mit den Herkunftsidentitäten der Eingewanderten auseinandersetzen müssen. Für die »deutsche« Identität heißt das, die Poren zu öffnen, ohne sich gleich vor unbekannten Infektionen zu fürchten. Bekanntlich erfordert eine solche Öffnung ein starkes Selbstbewusstsein, ein starkes Immunsystem. Denn nicht alles, was von außen kommt, ist bekömmlich. Auch die Einwanderer öffnen sich bewusst oder unbewusst. Wer auswandert und in diesem Schritt nur einen Wechsel der Geografie sieht, steht früher oder später vor unlesbaren Wegschildern. Er schränkt seine Bewegungsfreiheit ein. Migrationsbewegungen entstehen selten auf Augenhöhe. Menschen wandern in Länder aus, die ihnen mehr versprechen als ihre Herkunftsländer. Doch die wirtschaftliche und kulturelle Dominanz veränderte sich in unserem Jahrhundert dramatisch. Wir sind Zeugen davon, wie der Eurozentrismus sich in einer multipolaren Welt mit zunehmend mehr Anziehungspunkten als noch im 20. Jahrhundert neu definieren muss. Die Unsicherheit in Europa gegenüber Einwanderern hat auch viel mit Hegemonieverlust zu tun. Die Einwanderungsgesellschaften in den Niederlanden, in Frankreich und in Großbritannien werden von der Kolonialgeschichte dieser Länder überschattet. Deutschland ist hier eindeutig im Vorteil, den kommunikativen Umbau gegenüber einer selbstbewusster werdenden türkischen Identität ohne kolonialhistorische Belastung vorzunehmen. Augenhöhe ist kein Integrationshindernis, aber ein Katalysator kulturellen Austauschs und gegenseitiger Durchdringung. Die deutsch-türkischen Beziehungen werden aufgrund einer kulturell und wirtschaftlich erstarkten Türkei in den nächsten Jahrzehnten viel stärker auf Augenhöhe stattfinden als in den 1960er und 1970er Jahren. Doch eine auffallend hohe Wahrnehmungsblockade verhindert bislang eine breite Wahrnehmung dieses Wandels, nicht nur in der Öffentlichkeit, sondern auch unter den politischen Entscheidungsträgern.

Unterschiede können Neugier aktivieren und zum Resonanzboden eines kreativen Wandels werden. Doch Neugier, die mehr bedienen will als Voyeurismus, braucht Augenhöhe. Die nächsten Jahrzehnte werden spannend in Deutschland, in Europa und in der westlichen Hemisphäre. Diese Spannung muss sich nicht in Angst entladen, Angst vor dem Aussterben, vor dem Einsickern der Fremden, der Machtübernahme. Sie kann auch anspornen, die eigenen Potenziale wiederzuentdecken, sich zu messen, sich zu vermischen, sich neu zu erfinden

Ausstellungen, Bücher und Filme, die sich mit deutscher Identität und Geschichte beschäftigen, haben Konjunktur. *Wer wir waren, wer wir sind*, dahinter steckt mehr als nur der Titel zu einer Fernsehserie. Denn Fragen dieser Art beschäftigen die Deutschen wieder. Doch diese Öffnung gegenüber dem Eigenen muss nicht automatisch eine Abschottung gegenüber dem Anderen bedeuten. Sie könnte stattdessen den Humus eines Bodens bilden, auf dem eine vielfältige Vegetation wächst. Vorausgesetzt, der Hang zur Monokultur, die Lust auf den Schrebergarten nimmt nicht überhand.

Doch eine Analyse der Kultur, Identitäts- und Integrationsdebatten der letzten zwanzig Jahre würde sehr schnell verdeutlichen, dass diese Diskussionen mit einer Sprache aus der Retorte geführt werden. Das ist noch nicht die Sprache eines weltoffenen, sich erneuernden Deutschlands, das wieder ein Gefühl für den eigenen Körper bekommen hat. »Deutsche Leitkultur« bräuchte nicht gegen den Multikulturalismus in Stellung gebracht werden. Es geht bei der Leitkultur Deutschlands als demokratischem, pluralistischem Land nicht um Hefeweizen und Schweinebraten, sondern um die Werte eines Rechtsstaates, der seinen Bürgern Freiheit und Menschenrechte garantiert. Diese Werte sind viel besser universell aufgehoben als in einem nationalen Identitätsprogramm. Der Zivilisationsbegriff mit seinem universellen Anspruch findet in Deutschland aber nach wie vor keinen emotionalen Resonanzboden. Kultur und Glaubensfragen bringen nach wie vor das Blut in Wallung und lösen noch immer heftige Diskussionen aus.

Der Verfassungspatriotismus steht in Deutschland nach wie vor im Schatten eines Identitätsideals, das auf Herkunft und in manchen Provinzen auch auf den Resten des regionalen Brauchtums gründet. Das Grundgesetz als eine gemeinsame Basis wird in politischen Reden zwar immer wieder zitiert. Zweifelsohne hat es Deutschland nach dem Zweiten Weltkrieg nicht nur eine formale Grundsicherheit als Demokratie und freie Gesellschaft gegeben. Es hat die politische Kultur Deutschlands geprägt und auch eine gewisse Ausstrahlungskraft vor allem nach außen entfaltet. Doch seine Wirkung auf die deutsche Identität blieb begrenzt. Die Wertegemeinschaft des Grundgesetzes könnte der Humus jeder Vielvölkerrepublik sein. Doch sie kann sich nicht auf eine lange Tradition stützen. Im Gedächtnis der Deutschen wirken die Abstammungsfrage, der Volksbegriff fort, der sich vor allem durch die »Kulturnation« definiert und dessen Verhältnis zum universellen Zivilisationsentwurf, der über Kulturgrenzen hinweg wirkt, sich nicht ausreichend geklärt hat.

Wenn nicht Individuen, sondern ethnische und kulturelle Schablonen die Denkmuster bestimmen und diese Denkmuster eine stetige und unveränderbare Andersartigkeit festschreiben, dann tritt ein Zivilisationsbruch ein, der nur schwer zu kitten ist. Das ist aus der Geschichte des Nationalismus und den katastrophalen Erfahrungen des 20. Jahrhunderts durchaus bekannt, und zugleich scheint diese Erkenntnis bislang keine nachhaltig korrigierende Funktion auf die öffentlichen Identitätsdebatten auszuüben. Es ist eben nicht die Stunde der kühlen Köpfe. Rechthaber, Einpeitscher und Missionare haben das Sagen. Wie so oft, wenn Endzeitstimmungen aufkommen. Dann werden uralte Instinkte wach und überlagern die nüchternen Analysen. Wenn die Instinkte den »Feind im Inneren« ausmachen, entfalten sie immer selbstzerstörerische Kräfte.

Diese Instinkte, die von Wehmut über den Untergang der alten, überschaubaren Welt begleitet auftreten, können weder durch Integrationskurse noch durch Sonntagsreden kontrolliert werden. Sie mobilisieren Abwehrkräfte und sind eine Inspirationsquelle für Schwarz-Weiß-Denken, für Polemiken und Pauschalurteile. So ist es nicht überraschend, dass sie in den Debatten über Migration und Integration inzwischen den Ton angeben. Wie jene, die damit zurzeit in den Niederlanden sogar Wahlerfolge feiern.

Der Rückzug des rationalen Denkens und der Vormarsch des Instinkts sind die Kennzeichen jeder Umbruchphase. Es wäre heute vielleicht angebracht, wieder intensiver auf die Epoche um 1600 zu schauen. Eine Zeitspanne, die in den Dreißigjährigen Krieg mündete. Manches aus unserer Gegenwart lässt sich auch in dieser Zeit finden. Damals wie heute sind es tief sitzende Ängste und Sehnsüchte. Um 1600 wird die Welt auf den Kopf gestellt. Reformation, Gegenreformation und Inquisition überziehen weite Teile Europas. Autoritäten wie die Kirche wanken. Der Philosoph Giordano Bruno stirbt auf dem Scheiterhaufen. Die Welt wird als böse, bedrohlich und unberechenbar wahrgenommen, gleichzeitig aber herrscht Faszination über die neuen Entdeckungen. Selbst der Himmel wird mit neuen Augen gesehen. Neue astronomische Erkenntnisse wie die von Galileo Galilei oder Johannes Kepler irritieren und erschüttern alte Gewissheiten. Und am Horizont taucht eine neue

Botschaft auf, die der Menschheit nicht die Existenz Gottes verkündet, sondern die Existenz des Menschen. Der Menschheit wird der Mensch geschenkt und anvertraut. Der Humanismus bekommt in dieser Zeit seine endgültige Färbung, gewinnt an Sprache und Deutungskraft. Es ist die Geburtsstunde unserer Zeit.

Da wir heute in einer ähnlichen, weitreichenden Umbruchphase leben, ebenfalls geprägt von tief sitzenden Ängsten, von neuen Möglichkeiten, die uns an die Grenzen unserer Vorstellungskraft bringen, ist auch unser Blick voller Sehnsucht auf den Horizont gerichtet. Doch was sagt uns heute noch die humanistische Idee des beginnenden 17. Jahrhunderts? Was bedeutet sie angesichts der Bedrohung unseres Planeten, unserer Lebensgrundlagen, die ein Umdenken hinsichtlich der Beziehungen zwischen Mensch und Natur erfordern? Hilft es uns weiter, dass sich immer neue Galaxien entdecken lassen, das Zusammenleben mit fremden Nachbarn aber ein Problem für uns bleibt? Es gibt inzwischen eine immer stärker werdende Neigung, unsere Welt auch jenseits rationaler Wahrnehmung zu deuten.

Das Leben kann niemals ohne Risiko gelebt werden. Dieses Risiko kann jedoch von geschlossenen Denksystemen aufgefangen werden, zum Beispiel mit Religiosität. Religionen erzählen immer Geschichten mit einem Anfang und einem Ende. Was aber, wenn diese Geschichten aufbrechen? Wenn Anfang und Ende, Sinn und Zweck verschwimmen? An der Idee der Freiheit, die aus einer solchen Erschütterung entstand, laboriert die Menschheit bis heute.

Von der Wiederkehr der Religionen ist oft die Rede, und Seelenkuren haben Konjunktur. Am Horizont tauchen verdrängte Deutungsmuster der Welt auf. Natur verspricht Therapie, die in der Technik nicht zu finden ist. Von dieser Perspektive aus müsste auch auf die Identitätsfragen unserer Zeit geschaut werden. Denn Identitätsfragen sind die Keimzellen einer jeden neuen Weltordnung. Was geschieht, wenn sich Skepsis einstellt gegenüber den Möglichkeiten des Menschen, die Welt nach Kriterien der Ratio und der Zeit zu ordnen und somit lebensfreundlich zu gestalten?

Am Anfang eines jeden zivilisatorischen Fortschritts steht das Zurückdrängen des Instinkts aus dem gesellschaftlichen Diskurs zugunsten einer rationalen Weltauffassung. Der Instinkt aber geht niemals ganz verloren. Er begibt sich in eine Art Lauerstellung, aus der er immer wieder ausbrechen kann. Ein solcher Ausbruch wird von Vernunftsskepsis und irrationalen Ängsten begleitet. Ihm wohnt sowohl kreatives Potenzial als auch eine angstgelenkte Fluchttendenz inne. Diese Ambivalenz ist heute überall sichtbar: in der Kunst durch das Zusammenströmen unterschiedlicher Sprachen und Traditionen ebenso wie auch in dem simplen Bild des Kulturkonflikts, der einen anderen im Gegensatz zu einem selbst erst konstruiert.

Die Fortschrittsberichte der Zivilisation haben in Deutschland traditionell viele skeptische Leser. Die romantische Weltanschauung prägte in Deutschland das Menschenbild stärker als anderswo. Sie wirkte auf die Idee der Gemeinschaft und konstruierte eine Gegenwelt, die den Einzelnen in seiner Glaubensverlassenheit zu umarmen versprach. In der zweiten Hälfte des 19. Jahrhunderts modernisierte sich die deutsche Wirtschaft, und das Bildungswesen, die Wissenschaften blühten auf. Das Individuum aber blieb fragil, denn die Sprache der neuen Welt blieb ihm weitgehend fremd. Die Schwäche des Einzelnen befeuerte die Sehnsucht nach Gemeinschaft, den Rückzug in die Mythologie, in eine vormoderne Vorstellungswelt.

Doch wie verträgt sich die kritische Sichtung des Modernisierungsprozesses mit einer Wertestandhaftigkeit, die auf den Geist der Aufklärung zurückgeht? Das paradoxe Lebensgefühl bleibt die Schlüsselerfahrung der Moderne. Die Empfindungsmuster, die die Sehnsüchte und die Ängste steuern, lagern unter dem Gesellschaftsvertrag, geschrieben mit der kalten Tinte der rationalen Vernunft.

Mein Erbe spricht auch Deutsch

Vergessene deutsch-türkische Verwandtschaften

Im strengen Winter 1914/1915 fiel der Onkel meiner Mutter, ein Hauptmann der Kavallerie, in den Ausläufern der kaukasischen Berge an der sogenannten russischen Front. Wenige Monate zuvor war das Osmanische an der Seite des Deutschen Reiches in den Ersten Weltkrieg eingetreten. Die Soldaten des Sultans und des Zaren standen sich einander gegenüber.

Der Gefallene hinterließ neben seiner Kriegsausrüstung eine Kiste mit Büchern, die Hälfte davon in deutscher Sprache. Darunter befanden sich, neben einigen Werken zur Militärgeschichte, eine Ausgabe von Schillers Gedichten und von Kleists Prosa sowie mehrere Goethe-Bände, darunter die *Leiden des jungen Werther* mit Anstreichungen und Randnotizen in arabischer Schrift.

An der Militärhochschule, an der auch der Vater der modernen Türkei, Mustafa Kemal, studierte, war mein Urgroßonkel Schüler deutscher Generalstabsoffiziere gewesen, die das Kaiserreich an den Bosporus geschickt hatte. Preußische Disziplin stand damals hoch im Kurs. Wer sich in ihre formenden Hände begab, wurde auch von einer großen Literatur, von einer bewegenden Musik und von den kräftigen Denkströmen der deutschen Philosophie in Empfang genommen. Berlin hatte einen zauberhaften Klang in den Ohren türkischer Reformer.

Eine erste Welle der Modernisierung, die weit über die Reformierung des Staates und seiner Institutionen, insbesondere die des Heeres, hinausging, hatte das Osmanische Reich bereits im 19. Jahrhundert erfasst. Es ging schon damals um die Erneuerung des Bildungswesens und um eine Reform des Rechtssystems. Die Scharia, das islamische Rechtssystem, war den Herausforderungen der Modernisierung nicht mehr gewachsen. Die islamische Lehre war erstarrt und nicht mehr in der Lage, den gesellschaftlichen Bedürfnissen zu entsprechen. Längst war der Kadi nicht mehr der Inbegriff von Gerechtigkeit, sondern von Willkür und Korruption.

Der Koran, als Gesellschaftsvertrag gelesen, war offenbar keine Inspirationsquelle des Fortschritts, sondern das Fundament eines erstarrten Denk- und Lebenssystems, dessen Zeit vergangen war. Wie aber konnte Gottes Offenbarung – gültig für alle Zeiten – ersetzt werden durch ein weltliches Gesetz, das keine Ewigkeit beanspruchen konnte? Ohne Widerstände und innere Konflikte konnte ein solcher Wandel nicht vor sich gehen. Der islamischen Welt stand eine Zerreißprobe bevor, zwischen Anspruch und Wirklichkeit, zwischen den Idealen einer endgültigen Wahrheit und der Unbeständigkeit in der modernen Welt. Die Krise der muslimischen Kulturen ist bis heute nicht überwunden. Im Gegenteil, sie hat sich in manchen Gegenden sogar verstärkt und führt inzwischen zu sozialen und individuellen Krisen, sogar zu hässlichsten Gewaltausbrüchen. Ja, es gibt diesen Islam, der als totalitäre Ideologie gelebt wird, es gibt diese große beschämende Verirrung, und auf muslimischer Seite noch keine Sprache, die sie aufhalten könnte. Ich sage bewusst Sprache, denn mit Munition ist geistiger Verwirrung nur bedingt beizukommen. Kann es Gottes Wort sein, das zu so viel Elend und Gewalt beiträgt? Diese Frage müssen die Muslime heute aushalten, und vor allem, sie müssen sich diese Frage selber stellen.

Jedes Wort ist nicht nur aus Buchstaben gemacht. Es hat immer auch eine Melodie. Vielleicht sind die heiligen Schriften durch eine besondere Musik erkennbar. Der Koran ist es auf jeden Fall. Noch heute ist die Sprachmusik dieses Textes ergreifend, der Rhythmus unverkennbar. Die koranischen Gesetze und Vorschriften sind das eine, die Verse von vollkommener poetischer Schönheit das andere. Wie bei allen religiösen Schriften ist wohl auch hier die Lesart entscheidend. Und die islamische Kulturgeschichte ist nur zu verstehen, wenn das Tor zur Interpretation des Korans offen steht und die spirituellen und ästhetischen Energien, die in diesem Buch stecken, freigesetzt werden. Der maurische Philosoph Muhiyuddin Ibn Arabi, der Dichter und Mystiker Dschalal ad-Din Rumi, der anatolische Dichter Yunus Emre und der persische Poet Hafis, sie alle zählen zu den großen Interpreten des Korans. Ihre Werke sind in fast alle Sprachen der Welt übersetzt worden und somit wesentlicher Bestandteil des kulturellen Erbes der Menschheit.

Der Islam blühte vor fast tausend Jahren auf, an der

Schnittstelle zwischen den Kulturen der Antike und den Traditionen Persiens und Indiens. Leider geht mancher Islamkritiker heute genauso wie die Fundamentalisten vor. Er kürzt den Koran auf wenige Verse, macht aus einem Stück Stoff einen Fetisch und verwandelt damit ein buntes Bild in einen Schwarz-Weiß-Abzug. Damit lässt sich das eigene Weltbild vielleicht leichter erklären und auch propagieren, nicht aber Erkenntnis gewinnen. Die Identitätsideologen karikieren den Anderen, um die Schlachtordnung zwischen den Kulturen zu festigen. Identität wird auf eine Kultur, eine Religion übertragen, die alle Menschen, die in diese Kultur, in diesen Glauben hineingeboren werden, umfasst. Kultur wird zur lebenslangen Haft in einer Festung. Und nur von einer Festung aus lässt sich der Kampf der Kulturen ausrufen. Die islamische Welt ist in jedem Fall der Verlierer dieses Kampfes. Denn er mobilisiert nicht nur einen fundamentalistischen, aggressiven, auf Selbstbehauptung orientierten Islam. Diese Mobilisierung blockiert auch die überfällige Selbstkritik und Selbstanalyse der Muslime.

In vielen Teilen der Welt stehen inzwischen die Massen ohne geistige Anleitung vor der Moderne. Sie suchen sich Feindbilder. Allen voran im Westen. Feindbilder lösen keine Probleme, sie lähmen lediglich die Kräfte der Erneuerung, die Heilungskräfte des eigenen Körpers. Die erbärmliche Figur, die weite Teile der islamischen Welt heute machen, ist nicht nur eine Folge des bösen Blicks. Sie ist zum großen Teil selbst verschuldet. Und sie erfordert eine große Revision, eine kritische Sichtung der eigenen Fehler und Missstände.

Im Osmanischen Reich wurden die Fundamente für eine bürgerliche Revolution gelegt, wie sie in der islamischen Welt einmalig geblieben ist. Die Gleichstellung der Bürger, unabhängig von ihrer ethnischen und religiösen Zugehörigkeit, die Freiheit der Lehre und Forschung und eine neue Vorstellungskraft in der Kunst schufen binnen weniger Generationen eine neue Welt. So wurden Ende des 19. Jahrhunderts in Istanbul die ersten Romane in der muslimischen Welt geschrieben. In diesen Romanen tauchten plötzlich selbstständig denkende Frauen auf, die man in der Öffentlichkeit selten zu Gesicht bekam. Die Frauen wurden den Männern zum Rätsel, denn sie hatten Leidenschaften, innere Konflikte, sie hatten eine Stimme und einen Leib.

So wurde die islamische Welt vor einem Jahrhundert aus ihrem Tiefschlaf gerissen. Das Erwachen reichte weit, bis nach Zentralasien und nach Ägypten. Und erste Erinnerungen an die muslimische Zivilisation unter den Omajjaden und den Abbasiden wurden wieder wach gerufen. Diese Erinnerungsspuren führten zu philosophischen Denkschulen, die die Vernunft in den Mittelpunkt ihrer Betrachtungen stellten und deren Werke lange Zeit in den Bibliotheken verstaubten. Es ging also um den Eintritt in die Sphären der westlichen Zivilisation, um die ersten Schritte auf dem Weg in die Moderne. Der türkische Antrag auf eine Mitgliedschaft in der Europäischen Union ist nicht erst ein paar Jahre alt, wie mancher Zeitgenosse glaubt. Die politische und kulturelle Orientierung der Türkei nach Europa findet ihre Ursprünge im 19. Jahrhundert, gut hundert Jahre vor der Geburtsidee eines vereinten Europas auf den Trümmern des Zweiten Weltkrieges.

Es war die Generation meines Großvaters, die den Kaftan ablegte, die fest daran glaubte, dass es möglich war, europäisch und muslimisch zugleich zu sein. Der Versuch, den Koran nicht nur als Gottes Wort, als göttliche Offenbarung, sondern auch als historisches Dokument zu lesen und zu deuten, findet seine Ursprünge ebenfalls in dieser Zeit, die, wenn man die Debatten und Publikationen etwas genauer studiert, um einiges quellenkritischer und glaubensskeptischer als die geistige Verfassung großer Teile der islamischen Welt heute zu sein scheint.

Fromm und gläubig waren sie dennoch alle, mein Großvater ebenso wie sein Bruder, der Hauptmann. Sie waren der Überzeugung, dass ihr Glaube vereinbar war mit den Erfordernissen einer modernen, aufgeklärten Welt. Sie legten den Grundstein für eine spirituell nicht vertrocknete Rationalität, die mir heute, in einer Zeit der Suche nach spirituellen Quellen, als besonders diskussionswürdig erscheint.

Die anatolische Mystik, diese spezielle Form einer musisch und sozial inspirierten Gläubigkeit, die ihre Wurzeln sowohl in koranischen Glaubenssätzen als auch in schamanistischen Naturbetrachtungen findet, bildete das Fundament eines modernen, weltoffenen, aufnahmebereiten Islam. Sie schärfte auch den Blick für die morschen Facetten der Tradition, vor allem machte sie neugierig und begierig zu lernen, zu forschen, zu entdecken.

So konnte Goethes Werk bis in die kaukasischen Berge reisen. Dass er dort freilich im Schnee stecken blieb und seinen begeisterten Leser in den Tod begleitete, gehört zu den Widersprüchen der Moderne. Widersprüche, die viele Völker, die den Weg der Moderne gegangen sind, in die größten Katastrophen der Menschheitsgeschichte geführt haben. Die Dialektik der Aufklärung, wie sie von den Philosophen der Frankfurter Schule beschrieben worden ist, mahnt auch heute daran, dass Vernunft schnell in Vernunftblindheit umschlagen kann, wenn sie meint, das komplexe Wesen Mensch ganz und gar erklären zu können, dass Modernisierung und Rationalisierung vor dem Bösen nicht gefeit sind, wenn sie wertneutral und instrumentell gedacht werden. Menschenkunde kann sich nicht darin erschöpfen, den Menschen lediglich als Produktionsfaktor, als Funktionsträger, als eine Zahl in einer Tabelle, als Wähler, als Bürger, als Teil eines Kollektivs zu begreifen. Dennoch ist und bleibt es die große Versuchung der Moderne, genau dies zu tun, trotz der immer wieder erfahrenen kleinen und großen Katastrophen. Es gibt sie auch heute noch, diese von der Ökonomie funktionalisierte, auf Profit und Wachstum fixierte Modernisierung, die nicht mit dem ganzen Menschen kommuniziert, sondern ausschließlich mit Ideologien, die ihn beherrschen sollen.

Die Modernisierung schenkte der Türkei nicht nur die Lektüre von Schiller und Goethe, die Musik von Beethoven und Bach und die Ideen der Aufklärung, sie bescherte ihr auch einen Nationalismus, der zur Vertreibung und Ermordung von Hunderttausenden führte. Griechen, Armenier, Kurden hatten plötzlich alle eine nicht türkische Identität. Die Nationalstaaten sind es, die sich jene schaffen, die nicht dazugehören sollen, um sie anschließend auszugrenzen, zu verdrängen, zu verbannen und schließlich auch teilweise zu eliminieren.

Es gibt noch eine andere Erfahrung des 20. Jahrhunderts: In den 1960er Jahren warb die brummende deutsche Wirtschaft Menschen an, die ihre auf Hochleistung getrimmten Maschinen in Gang halten sollten. Sie kamen auch aus dem fernen Anatolien. Doch wollte man wirklich Menschen ins Land holen? Nein, man wollte Arbeitskräfte, moderne Heloten, die man nach den Überstunden bewertete, die sie an den Maschinen leisteten. Hätte man sie als ganze Menschen betrachtet, hätte man schon damals einige Fragen gestellt, die man heute landauf, landab hört: Was sind das für Leute? Welche Qualifikationen bringen sie mit? Welche Bedürfnisse haben sie außerhalb ihres Arbeitsplatzes?

Die Zivilisation, so scheint es mir, ist nicht nur wie dünnes Eis, auf dem wir – ein hohes Risiko in Kauf nehmend – laufen, sie ist oft auch wie eine Mauer, die uns den Blick versperrt. Der Euphorie und der Naivität, mit der sich die Generation meines Großvaters in die neue Welt stürzte, stehe ich heute skeptisch gegenüber. Umso mehr wundere ich mich über jene immer lauter werdenden Stimmen, die sich als Hüter einer Aufklärung aufspielen, der wir nicht anders als mit zwiespältigen Gefühlen gegenüberstehen können, wenn wir unsere Geschichte, unsere Geschichten ernst nehmen.

Ich frage mich, ob es überhaupt möglich ist, ein Gespräch miteinander zu führen, ohne einander die eigenen Geschichten zu erzählen? Was wissen die Menschen, die über meine Herkunft, meine kulturelle Zugehörigkeit, meinen Glauben urteilen und auf der Basis dieser Urteile ein Gespräch mit mir führen möchten, über meinen Vater, meinen Großvater, über dessen Tochter, meine Mutter? Was wissen sie über den gefallenen Hauptmann, der eine Kiste mit deutscher Literatur hinterließ?

Diese Geschichten zu erzählen habe ich mir vorgenommen, als Schriftsteller. Und als Leser kann ich nicht genug davon bekommen zu erfahren, was mir der große Judaist und Kabbalaforscher Gershom Scholem mitzuteilen hat über sein Berlin und sein Jerusalem, was mir die Schriftstellerin Barbara Honigmann mitzuteilen hat über ihren Urgroßvater, ihren Großvater und ihren Vater auf ihren Wegen aus dem Osten Europas nach Deutschland, aus dem Jiddischen ins Deutsche, aus dem Glauben in die Emanzipation, ins Exil, in den Kommunismus und wieder zurück in eine Welt des Glaubens, oder was mir Franz Kafka mitteilt in seinem Brief an den Vater, dem unmöglich gewordenen Hüter der Tradition. Überall gibt es diese Auseinandersetzungen zwischen der Tradition und der Moderne, gibt es das Erbe und das Zukünftige, die Erinnerung und die Entdeckung – sie sind das eigentliche Gespräch. Wie aber sehen die Dialoge ohne diese Geschichten aus? Wie ist er beschaffen, dieser sogenannte Dialog zwischen den Kulturen, der meint, ohne diese Geschichten auskommen zu können?

Zwischen dem einzelnen Menschen und seiner Kultur steht immer eine persönliche Lebensgeschichte, die der Begegnung offensteht. Was aber meinen wir heute, wenn wir von christlich-abendländischer oder muslimisch-orientalischer Kultur sprechen? Sind die andalusischen Philosophen Moses Maimonides und Averroës keine Abendländer? Verstehen sich die Türken heute als Orientalen? Die erste Frage lässt sich leicht beantworten, die zweite bereits schwieriger. Denn in der ersten Frage begegnen zwei Lebensgeschichten, zwei Lebenswerke einer kulturellen Zuschreibung. Maimonides war Jude, Averroës Muslim, doch beide stehen an der Wiege der Renaissance, die das Abendland in den Humanismus, in die Aufklärung und in die Moderne geführt hat. In der zweiten Frage stehen einander zwei Kollektivzuschreibungen, eine nationale und eine kulturelle, gegenüber. Diese Gegenüberstellung konstruiert zwar Bilder in unserem Kopf, aber diese Bilder sind erst einmal Destillate unserer eigenen Vorstellungswelt. Sie korrespondieren nicht mit einem anderen, sondern konstruieren ihn. Doch diese Konstruktion im Kopf muss immer wieder mit der viel komplexeren Wirklichkeit abgeglichen werden. Wer sich einen anderen nur erschafft, verzichtet auf Begegnung, die ihn verändern könnte. Doch wer sich nicht mehr bewegt, hat einen Teil von sich selbst weggegeben, der mehr ist als die Konstruktion des Eigenen. Denn dieses Eigene richtet sich immer auf vielfältige Weise auch auf etwas Fremdes.

Die Menschen sind wie ihre Fingerabdrücke, sie unterscheiden sich und sind singulär. Aber, und das ist die Grundlage eines jeden Gesprächs, diese verschiedenen Lebenslinien, die eine Persönlichkeit mit all ihren Besonderheiten, ihren Erinnerungen, ihren Sehnsüchten und Ängsten auszeichnen, kreuzen sich, berühren sich mit den Linien eines anderen, bei jedem Handschlag. Diese Berührung mag manchmal unangenehm sein, mag unser Leben verkomplizieren, unser Funktionieren in einer Gesellschaft hemmen. Aber sie ist in jedem Fall da, sie erinnert uns an unser Menschsein, an die ursprüngliche Idee einer gemeinsamen Sprache als Basis für eine Erfolg versprechende Kommunikation.

An diesen Ursprung müssen wir heute stärker denn je erinnern. Diese Erinnerung ist nicht leicht, denn sie erfordert das Verlassen der Festungen, die wir ein Leben lang mühsam aufbauen und pflegen, Festungen wie die Nation, die Identität. Wer Krieg führen möchte, wird die Wehranlagen ausbessern und aufstocken. Viel ist in letzter Zeit von Verteidigung die Rede. Wer oder was aber soll verteidigt werden? Auf den ersten Blick scheint es klare Fronten zu geben. Verteidigen müssen wir uns, wenn unsere Freiheit bedroht ist, wenn uns jemand angreift. Der Angreifer ist ebenfalls leicht ausgemacht, es ist der Muslim, oder besser: der Islam. Mein Großvater war Muslim, sein Bruder war Muslim, meine Eltern waren Muslime. Der Koran lag immer auf dem höchsten Regal in der Bibliothek. In der Bücherkiste, die der gefallene Hauptmann hinterließ, lag er auch, der Koran, mitten im großen Weltkrieg vertrug er sich anscheinend bestens mit den *Leiden des jungen Werther*. In der Bibliothek meines Vaters standen mehrere Ausgaben des Korans. Das arabische Original neben seinen Übersetzungen ins Türkische, Englische, Deutsche und Französische.

Es gab auch eine dreizehnbändige Koraninterpretation. Dennoch blieb der Koran ein Buch unter vielen. Romane von Russen und Franzosen, philosophische Werke von Deutschen, Märchen aus Tausendundeiner Nacht und die Bibel in Luthers Übersetzung neben einer türkischen Ausgabe. Nein, in dieser Bibliothek wurde kein Krieg geführt, denn die Bücher, so unterschiedlich sie auch waren, wurden aufgeschlagen und gelesen. Die Bibliothek meines Vaters, die meinen ersten Lesehunger stillte, war mir Heimat und Fremde zugleich. Ich fühlte mich stets von Büchern angezogen, die ich nicht verstand.

Bis in die Neuzeit hinein gab es Giftschränke, in die man gefährliche Literatur einsperrte. Es gibt auch eine Berührungsgeschichte des Verbots, die kulturübergreifend betrachtet werden kann. Die Zensur hat System, sie hat eine lingua franca, und sie schafft vergleichbare Strukturen. Noch vor zwanzig Jahren konnte in einem Teil dieses Landes nicht alles gedruckt werden. Ideen und Meinungen wurden reglementiert. Diese Geschichte mahnt uns und macht uns die Bedeutung von Freiheit gegenwärtig.

Als bloßes Banner einer bestimmten Kultur oder Identität büßt Freiheit allerdings ihren emanzipatorischen Charakter ein. Sie wird zum stigmatisierenden Kampfbegriff, der andere ausschließt. Die gegenwärtige Stimmung in Europa gegenüber den totalitären, aggressiven Formen des Islam erinnert mich an die fünfziger Jahre des vergangenen Jahrhunderts, als im Kalten Krieg US-Senator McCarthy auf Kommunistenjagd ging. Er wollte keineswegs den Kommunismus nur ideologisch bekämpfen, sondern sein schleichendes Eindringen in die freie Welt unterbinden. Im Namen der Freiheit und ihrer Verteidigung wurde ein breiter Personenkreis verdächtigt, als Fünfte Kolonne des Sowjetreiches zu agieren. Die McCarthy-Ära wurde zunächst von einer dominierenden Stimmung im Volk der Vereinigten Staaten getragen und von den Medien inszeniert und unterstützt. Danach atmete man auf. Mit dem Namen McCarthy lässt sich der Begriff Freiheit heute wohl kaum noch in Verbindung bringen.

Es ist richtig, im Namen des Islam haben sich terroristische und menschenfeindliche Regime etabliert. Doch wie viele der Muslime in Deutschland unterstützen diese Regime? Ist es nicht vielmehr so, dass viele Flüchtlinge zu uns gekommen sind, gerade weil sie in einem freien Land leben wollen? Und herrscht etwa in dem Land, aus dem die meisten Muslime in Deutschland stammen, also der Türkei, ein terroristisches islamisches Regime?

Inzwischen gibt es Umfragen, die besagen, eine wachsende Anzahl von Menschen sei der Meinung, die Muslime in Deutschland unterwanderten dieses Land mit dem Ziel, die Scharia einzuführen. Man sollte sich dann aber auch folgende Fragen stellen: Woher sollen diese Muslime denn kommen, wenn die Zuwanderung im Prinzip unmöglich ist? Wenn es die Türken im Land sein sollten, warum führt man die Scharia dann nicht auch in der Türkei ein? Nach aktuellen Umfragen wären dort etwa acht Prozent der Türken dafür. Vielleicht sind ja die restlichen Scharia-Anhänger alle nach Deutschland ausgewandert.

Die Unsinnigkeit solcher Debatten liegt auf der Hand. Doch inzwischen werden sie hierzulande auch von seriösen Medien aufgenommen, sind Thema populärer Talkshows. Die Islamdebatte ist dabei, völlig aus dem Ruder zu laufen, und hat zur Folge, dass eine kritische innerislamische Auseinandersetzung kaum noch möglich zu sein scheint, ohne dieser künstlichen Polarisierung im Kampf der Kulturen Munition zu liefern.

Ich selbst habe mehrmals darauf hingewiesen, dass die Gewalt, die in der islamischen Welt heute unübersehbar herrscht und vor der nach wie vor viel zu viele Muslime die Augen verschließen, nicht vollkommen losgelöst von theologischen Lehren und religiösen Quellen diskutiert werden kann. Viele Koranverse sind heute Makulatur, wenn wir unser freiheitlich-demokratisches System ernst nehmen wollen. Doch der Koran ist nicht die Geburtsurkunde eines deutschen Staatsbürgers muslimischen Glaubens. Er war auch nicht die Geburtsurkunde meiner Mutter, meines Großvaters. Der Koran war und ist das heilige Buch der Muslime, offenbart im 7. Jahrhundert nach Christus. Schon wenige Jahrzehnte nach seiner Offenbarung haben Muslime ihren Freiheitsbegriff in der Auseinandersetzung mit dem Koran entwickelt. Diese wurde im 19. Jahrhundert wiederbelebt und führte zu einer grundlegenden Reformierung der Scharia im Osmanischen Reich. Die Türkische Republik schließlich schuf die Scharia schon in den 1920er Jahren, also in der Generation meines Großvaters, gänzlich ab. Sind die Türken deshalb aus dem Islam ausgetreten? Nein, ganz und gar nicht. Die Türkei ist ein frommes, ein muslimisches Land. So wie Polen ein frommes, katholisches Land ist. Wie wir wissen, geht Frömmigkeit auch mit einer gewissen Sturheit einher. Das kann manchmal sympathisch, manchmal schrullig, aber auch abstoßend sein. Doch niemals darf sie in einer freiheitlichen Ordnung dazu führen, Menschen wegen ihres Geschlechts, ihrer sexuellen Neigungen oder politischen Ansichten zu diskriminieren und auszugrenzen. Der Kampf um die Lebensstile, der in der Türkei geführt wird, hat bisher zu einer Öffnung der türkischen Gesellschaft und nicht zu ihrer Islamisierung geführt. Die Wiederbelebung der spirituellen und der sozialen Kraft des Islam wird das Gegengift zu den Verirrungen einer kruden, ritualisierten, erstarrten und in vielerlei Hinsicht menschenfeindlichen islamischen Ideologie sein. Die Muslime in der Türkei sind der Zivilisation zugewandt. Doch wird das hierzulande wahrgenommen und akzeptiert, oder werden sie aufgrund ihrer Glaubenszugehörigkeit ausgeschlossen? Die entscheidende Frage lautet: Können und dürfen wir anderen absprechen, was wir uns zugutehalten? Wir brauchen, so scheint mir, ein etwas weniger eifersüchtiges, selbstherrliches Auftreten unserer Zivilisation, die anderen erlaubt, sich Zutritt zu ihr zu verschaffen, die zurückliegen kann, wenn sie geliebt wird.

Wenn heute von Muslimen die Rede ist, kann ich weder die Generation meiner Großeltern noch die meiner Eltern in diesen Diskursen wiederfinden. Ihre Lebensentwürfe bleiben unbeachtet. Sie haben keine Stimme, denn sie drohen nicht und tragen kein Potenzial der Fremdheit in sich. Meine Mutter, Jahrgang 1923, also im Grün-

dungsjahr der türkischen Republik geboren, war eine lei-
denschaftliche Lehrerin. Eine berufstätige, unabhängige
Frau, stolz auf die Errungenschaften ihrer Generation.
Hätte man ihr gesagt, dass Lehrerinnen in Deutschland
heute darüber klagen, dass ihnen manche Schüler aus
muslimischen Familien keinen Respekt entgegenbrin-
gen, wäre sie fassungslos. Die Generation meiner Mutter
ist auch heute noch ein Vorbild, mit ihrem Optimismus,
mit ihrer Leidenschaft für Erneuerung, mit ihrem Selbst-
behauptungswillen in einer Gesellschaft, die sich erst
langsam an den Entwurf eines selbstbestimmten Lebens
gewöhnen musste. Diese Generation sah im Westen kein
Feindbild, sondern in den Werten der bürgerlichen Zivilisation einen Ausweg aus der Entmündigung. Der Weg
in eine muslimische Moderne führt über die Mündigkeit
und das Selbstbestimmungsrecht muslimischer Frauen.

   In den aktuellen Islamdebatten kommen jene jungen
türkischen Frauen nicht vor, die Kopftücher tragen und
Liebesromane in einer persönlichen, leidenschaftlichen
Sprache schreiben, die noch vor einer Generation un-
denkbar gewesen wäre. Widersprüche und Komplexität
des menschlichen Daseins sind für sie keine Fremd-
wörter mehr. Die Aneignung einer neuen Sprache, in
der nicht Mission und Propaganda betrieben, sondern
kommuniziert wird, die das Fremde nicht diffamiert,
sondern übersetzt, ist die Grundlage jeglicher Verständigung. Wer zu anderen spricht, muss in der Lage sein,
einen kritischen Dialog mit sich selbst zu führen.

   Wenn die muslimische Religion eine säkulare, weltoffene und demokratische Atmosphäre um sich hat, wie

es in Deutschland und in der Türkei der Fall ist, dann steht nicht die Einführung der Scharia auf der Tagesordnung, sondern eine gewaltige kulturelle Umwälzung, die sowohl die traditionellen Geschlechterrollen als auch den ritualisierten, konservativen Islam herausfordert. Ganz anders verhält es sich aber in einer autoritären, repressiven Atmosphäre, wie sie heute vor allem in manchen arabischen Ländern oder in Afghanistan und Pakistan vorherrscht. Hier bildet sich ein aggressiver Volksislam, der seinen Platz im Kulturkampf beansprucht. Vor dieser Variante der islamischen Religion kann nicht laut genug gewarnt werden.

Doch welche geistige Verdunkelung verführt uns und lässt uns den Aufbruch übersehen, den es eben auch gibt und der uns in Deutschland viel wichtiger sein müsste, da die meisten Muslime in diesem Land aus jenem kommen, in dem der Aufbruch am weitesten fortgeschritten ist? Statt uns mit diesem Aufbruch zu beschäftigen, haben wir es aber in den letzten Jahren vorgezogen, uns einer Islamhysterie hinzugeben, deren Ergebnis eine Verrohung unserer eigenen Gesprächskultur ist. Diese Verrohung hat uns inzwischen an den Rand des zivilisatorischen Sündenfalls gebracht, nämlich zur Kollektivverdammung eines Teils der Menschheit aufgrund ihrer Zugehörigkeit zu einem bestimmten Glauben. Inzwischen ist unser Diskursniveau nicht nur ein Affront gegenüber den Angehörigen einer Religionsgemeinschaft, es ist auch ein Affront gegenüber uns selbst.

In der deutschen Sprache wurden große Werke zur islamischen Kultur geschrieben, und auch heute gibt es an deutschen Universitäten renommierte Wissenschaftler von Weltrang, die sich mit Phänomenen des islamischen Glaubens, seiner Geschichte und Kultur befassen. Welche Bedeutung aber nehmen sie in der öffentlichen und veröffentlichten Meinung über den Islam ein? Richtig, Wissenschaft kann nicht zur Hysterie beitragen, Wissenschaft differenziert, analysiert, beschreibt. Sie ist das Gegengift zur Verrohung, die durch selbst ernannte Islamkenner und Publizisten in marktschreierischer und diffamierender Manier unters Publikum gebracht wird. Wir brauchen also wieder mehr Aufklärung und eine Erinnerung an ihre Stützen, das Individuum und das Wissen. Wir brauchen aber auch eine Erinnerung an den Unterschied zwischen Wissen und Weisheit, die die Ganzheit des Menschen wieder in den Blick rückt. Doch von all dem haben wir uns weit entfernt.

Eine Gesellschaft, die kruden Thesen von geschlossenen Kultursystemen und den Menschen ganz einfangenden und prägenden Glaubenssystemen nachläuft, verteidigt keine Aufklärung, sie öffnet das Tor in einen barbarischen Kulturkampf. Ihre Protagonisten sind Feinde der offenen Gesellschaft. Diese basiert aber auf der Zivilisierung des Menschen, auf seiner Erziehung zur Mündigkeit.

Das Vermächtnis meiner Herkunft lese ich heute als eine Verpflichtung nach allen Richtungen. Meine muslimische Seite will weitergehen auf dem Weg zu einer zivilisatorischen Erneuerung, die keine Berührungsängste mit allen Himmelsrichtungen hat. Ich stehe in dieser Tradition eines türkischen Islam, der wie selbstverständlich aufgeklärt und europäisch ist. Dieser Islam ist heute lebendiger denn je. Dieser Islam hat es aber in Deutschland nicht einfach, weil viele Menschen, die aus der Türkei nach Deutschland kamen, ihn nicht verinnerlicht haben und weiter Traditionen anhängen, die nicht durch die Aufklärung gefiltert worden sind. Das Vermächtnis meiner Herkunft fordert aber auch jene Abendländer heraus, die ihr geistiges Erbe in eine kulturgeografische Landkarte mit klar gezogenen Grenzen einsperren wollen. Es gibt keinen Limes der Gedanken, wenn die Gedanken frei sind. An der Wiege der Zivilisation fließen die Kulturen zusammen, zu einem einzigen Herzschlag. Dieser Herzschlag ermöglicht uns, frei zu atmen und einander zu achten.

Partnerschaft statt Kampf der Kulturen

Gehört die Türkei in die EU? Diese Frage spaltet die europäische Gemeinschaft. Der CDU-Politiker Ruprecht Polenz erklärt mit Nachdruck: Die Türkei hat eine faire Chance auf Vollmitgliedschaft verdient. Sie wäre ein deutliches Signal an die in der EU lebenden Türken, aber auch an andere muslimische Länder: Das europäische Verständnis von Rechtsstaat, Menschenrechten und Demokratie ist mit dem Islam vereinbar.

Ruprecht Polenz
Besser für beide
Die Türkei gehört in die EU

110 Seiten | Euro 10,– (D)
ISBN 978-3-89684-141-4

www.edition-koerber-stiftung.de

Verständigung in Nahost ist möglich

Frieden zwischen Palästinensern und Israelis – eine Utopie? Alexandra Senfft zeigt, dass es fernab der offiziellen Politik zahlreiche Kontakte zwischen den »Feinden« gibt, die konstruktiv und gleichberechtigt sind. Die Nahostexpertin nimmt ihre Leser mit auf eine persönliche Reise durch Israel und die palästinensischen Gebiete. Sie spricht mit Menschen, die über innere und äußere Grenzen hinweg Dialoge führen. Der Feind, das wird dabei deutlich, ist gar nicht so fremd. – Mit Fotografien von Judah Passow. Der viermal mit dem World Press Photo Award ausgezeichnete Fotograf porträtiert seit Jahrzehnten Israel und den Nahostkonflikt.

»Gut recherchiert und wunderbar geschrieben, zeigt ›Fremder Feind, so nah‹, dass nicht alle Hoffnungen auf einen gerechten Frieden verloren sind.«
Tom Segev / Historiker und Journalist

Alexandra Senfft
Fremder Feind, so nah
Begegnungen mit Palästinensern und Israelis

336 Seiten mit 23 s/w-Fotografien von Judah Passow
Gebunden | Euro 20,– (D)
ISBN 978-3-89684-075-2

Kunst darf alles – sogar schwierig sein

Die Vermittlung von Musik gerät immer mehr zur fatalen Vereinfachung. Aus Angst vor Überforderung droht sie sowohl die Hörer als auch die Werke zu verfehlen. Dagegen setzt Holger Noltze einen positiven Begriff von Anstrengung: Lässt man sich mit Neugier auf Musik ein, wird man erfahren, wie vielschichtig selbst das scheinbar Leichte ist. So kann man etwas Wesentliches üben: den furchtlosen Umgang mit Komplexität.

»Das beste Musikbuch des Jahres 2010, vielleicht das beste Musikbuch der letzten Jahre überhaupt.«
neue musikzeitung/Arno Lücker

»Ein überzeugendes Plädoyer gegen die Banalisierung der klassischen Musik.«
Fono Forum / Buch des Jahres 2010

Holger Noltze
Die Leichtigkeitslüge
Über Musik, Medien und Komplexität

294 Seiten mit 19 s/w-Abbildungen
Gebunden | Euro 18, - (D)
ISBN 978-3-89684-079-0

www.edition-koerber-stiftung.de

Zwei Kulturen – eine Heimat

»zweiheimisch« fühlen sich Menschen, die mit zwei Kulturen leben. Als Kinder eingewanderter Familien oder binationaler Eltern sind sie in Deutschland aufgewachsen und gestalten ihre Lebensentwürfe im Spannungsfeld zwischen familiären Traditionen und gesellschaftlichen Vorurteilen immer wieder neu. Die 12 Porträts dieses Buches zeigen ein weithin unentdecktes Potenzial unserer Gesellschaft: junge Menschen, von deren Stärke wir lernen können.

»›zweiheimisch‹ zeigt Menschen, die Bildungsidealen wie Selbstbestimmung, Weltoffenheit und Aufgeschlossenheit ein Gesicht geben. Sie leben uns in ihrem bikulturellen Alltag vor, wie man mit vielfältigen Kultureinflüssen kreativ umgeht.«

Deutschlandfunk

Cornelia Spohn (Hrsg.)
zweiheimisch
Bikulturell leben in Deutschland

200 Seiten mit 36 s/w-Abbildungen
Softcover | Euro 14,– (D)
ISBN 978-3-89684-063-9

Migranten mit Mandat

In vielen Parlamenten sitzen Abgeordnete, die ihre eigenen oder familiären Wurzeln in der Türkei haben. Was motiviert sie, sich politisch zu engagieren? Mely Kiyak hat nachgefragt und sprach mit zehn türkeistämmigen Abgeordneten. Ebenso hartnäckig wie charmant fordert sie klare Positionen: zum neuen Zuwanderungsgesetz oder dem Verhältnis zum Islam. Sie will wissen, welche persönlichen Ideale türkeistämmige Mandatsträger leiten und welchen Schwierigkeiten sie im politischen Alltag begegnen. Die zehn packenden Gespräche zeigen auch die Menschen hinter ihrem politischen Amt.

Mely Kiyak
10 für Deutschland
Gespräche mit türkeistämmigen Abgeordneten

260 Seiten mit 10 s/w-Abbildungen
Softcover | Euro 14,– (D)
ISBN 978-3-89684-068-4

www.edition-koerber-stiftung.de

 Körber-STIFTUNG
Forum für Impulse

edition Körber-STIFTUNG

 BegegnungsCentrum
HAUS im Park

 KörberForum
Kehrwieder 12

 BERGEDORFER
GESPRÄCHSKREIS

 Boy
Gobert
Preis

Internationale Politik, Bildung, Wissenschaft, Gesellschaft und Junge Kultur: In diesen Bereichen ist die Körber-Stiftung mit einer Vielzahl eigener Projekte aktiv. Bürgerinnen und Bürgern, die nicht alles so lassen wollen, wie es ist, bietet sie Chancen zur Mitwirkung und Anregungen für eigene Initiativen.
1959 vom Unternehmer und Anstifter Kurt A. Körber ins Leben gerufen, ist die Stiftung heute mit eigenen Projekten und Veranstaltungen von ihren Standorten Hamburg und Berlin aus national und international aktiv.

 Körber-Netzwerk
Außenpolitik

 REGIE
JUNGE STUDIO
KÖRBER

 SABLE
SATLANTISCHER
NWETTBEWERB

 KÖRBER
FotoAward

 BURGER TULPE
rkulturellen Gemeinsinn

 Deutscher Studienpreis
Der Wettbewerb für junge Forschung

 Eustory
History Network for Young Europeans

KÖRBER-PREIS
FÜR DIE EUROPÄISCHE
WISSENSCHAFT

 Geschichtswettbewerb
des Bundespräsidenten
Jugendliche forschen vor Ort

 KIWISS
Wissenschaft für Kinder
und Jugendliche

 Schultheater
der Länder